Susanne Mahlstedt
Vom Traum IRONMAN Hawaii

Vom Traum IRONMAN Hawaii

Zur World Championship nach Nizza

Susanne Mahlstedt

Bibliografische Information der Deutschen Nationalbibliothek: Die Deutsche Nationalbibliothek verzeichnet diese Publikation in der Deutschen Nationalbibliografie; detaillierte bibliografische Daten sind im Internet über http://dnb.dnb.de abrufbar.

Lektorat: Anna Kunert

Verlag: BoD · Books on Demand GmbH, Überseering 33, 22297 Hamburg, bod@bod.de

Druck: Libri Plureos GmbH, Friedensallee 273, 22763 Hamburg

ISBN: 978-3-8192-2610-6

Inhaltsverzeichnis

Jeder Mensch hat seine eigene Re se – eine Geschichte von Herausforderungen, Triumph und persönlichem Wachstum. In diesem Buch von Susanne Mahlstedt werden Sie auf eine Reise mitgenommen – direkt zur Ziellinie der Ironwoman-WM!

Als Suse mir zum ersten Mal von ihrem Ziel erzählte, schien es für einen kurzen Augenblick unerreichbar. Die Vorstellung, 3,8 Kilometer zu schwimmen, gefolgt von 180 Kilometern Radfahren und einem abschließenden Marathon von 42,2 Kilometern – das schien für mich überfordernd und unendlich weit weg. Aber ich war in meiner aktiven Laufbahn Sprinterin. Meine Strecken gingen max. 54,5 Sekunden.

Für Suse waren zumindest lange Laufstrecken kein Neuland. Es ist bestimmt eine Reise zur Selbstfindung. Es bedeutet, Ausdauer, Disziplin und Mut zu haben, es zu schaffen, obwohl viele ungläubig den Kopf schütteln oder zumir dest leise innerlich abwinken und glauben, das meint Suse nicht ernst.

Doch, Suse meint es sehr ernst, allerdings mit einem Lächeln und sich selbst nicht zu Ernst nehmend. Ich schaff das schon irgendwie, sagte sie manchmal zu mir und fragte sich und mich, ob es wohl schlimm wäre, wenn sie nicht so viel schwimmen trainiert hätte. Klappt bestimmt. In der ganzen Zeit, der Vorbereitung, war sie immer zuversichtlich. Das ist aus meiner Erfahrung mit das Wichtigste für Erfolg im Sport. Sie hatte keine Zweifel, eher gute Laune.

Und gerade deshalb, ist dieses Buch so wertvoll, für jede, die gerne eine IRONWOMAN oder auch -MEN werden möchte.

Dieses Buch ist der Beweis, dass man entspannt IRONWOMAN werden kann. Herausforderungen und Geschichten, die jeder hat, sind wohl wirklich nur Ausreden.

Und dieses Buch ist die wahre Geschichte einer Frau, Suse, die ihren Traum verwirklicht hat und dabei trotzdem nicht auf ihre Werte verzichtet hat. Keine Grenzen und Ähnliches haben Sie zurückgehalten. Auch ihr Alter nicht… :-)

Es ist mir eine Ehre, das Vorwort für diese pure Inspiration für jede von uns schreiben zu dürfen. Ich danke dir Suse, dass du den Mut hast, diese Geschichte mit uns allen zu teilen. Ich bin mir sicher, wir werden noch von dir hören. Dein Weg geht bestimmt noch ein wenig weiter.

Jede Art zu schreiben ist erlaubt, nur nicht die langweilige.

Voltaire

Schreiben und bleiben - ja, wer schreibt, der bleibt. Davon bin ich überzeugt. Und schon als Kind habe ich angeblich immer voller Inbrust gesagt: Möchte maaaalen!!! Das war ein Ausdruck des Wunsches nach Kreativität. Mir macht es Spaß zu schreiben und bestimmte Lebensabschnitte lebendig zu erhalten. Und auch andere erinnern sich dadurch an mich. Warum nicht einen bleibenden Eindruck hinterlassen? Einmal im Restaurant haben mich zwei Frauen überaus freudig begrüßt. Auf meine Frage, warum sie sich nach so langer Zeit an mich erinnern, kam die prompte Antwort, dass ich doch berühmt sei. Darüber muss ich noch heute schmunzeln. Es geht aber eindeutig darum, ein Zeugnis zu hinterlassen und andere damit zu inspirieren.

Gleichzeitig mit dem Beginn meiner Laufkarriere im Jahre 2000 habe ich meine Laufaktivitäten schriftlich festgehalten, in Büchern oder Laufmagazinen. Und so musste ich auch jetzt mein Ziel, mich für Hawaii zu qualifizieren, schriftlich überdenken und für andere nachvollziehbar gestalten. Schön wäre es, wenn sich andere Menschen dadurch animiert fühlten, es selbst zu wagen oder ihre vielleicht ganz anderen sportlichen Ziele zu verfolgen.

Das Zitat „Jede Art zu schreiben ist erlaubt, nur nicht die langweilige" stand als rosa Postkarte mit lila Schrift bestimmt zwei Jahre als Mahnung in meinem Schlafzimmer. Hin und wieder habe ich mich im Vorbeigehen kurz gefragt, was damit konkret gemeint sein könnte, hatte aber keine Antwort darauf. Irgendwann habe ich die Karte bei einer meiner großen „Entsorgungsaktionen" (Mit leichtem Gepäck lebt es sich besser.) weggeworfen. Die Mahnung blieb im Unterbewusstsein!

Erst bei einem Workshop mit einer Klientin, die ich als Schreibtherapeutin begleite, und Sandra Völker, Schwimm-Olympiasiegerin, ist mir aufgefallen, wie langweilig dieses Buch bis dahin konzipiert war. Ja, nicht nur das Trainieren, auch das Schreiben geht gemeinsam, im Austausch, besser. Auch als Schreibcoach kann man bei eigenen Themen blind sein. Verbundenheit, sich im gleichen Boot zu fühlen, macht mutiger.

Der vormals mutige Titel musste letztendlich doch einem langweiligeren weichen, um keine falschen Erwartungen in Bezug auf den Inhalt zu wecken.

Bei dem Workshop entwickelte sich die Idee, die Kapitel-Überschriften um drei (ist meine Lieblingszahl) Wörter zu erweitern, um damit den Inhalt einzuführen. So wird das Buch schon durch die Inhaltsangabe griffiger. Und uninteressantere Kapitel können schnell überlesen werden.

Auf die zum Workshop-Auftakt von mir gestellte Schreibaufgabe **„Gestern – Heute – Morgen"** habe ich folgendes spontan runtergeschrieben:

Gestern war ich eine erfolgreiche Ultraläuferin im besten Alter und hatte läuferisch immer ambitionierte Ziele, was ich im Nachhinein fast für pathologisch halte. Meine Bücher dazu habe ich als Jugendsünden bezeichnet. Langweilig war das Buch *Marathon? Na klar!* wohl nicht, aber Begeisterung würde ich heute nicht mehr durch die Anzahl der Ausrufezeichen ausdrücken wollen. Mein späterer Mann hat mich in einer Rezension mit dem Nobelpreisträger Haruki Murakami verglichen. Das hat bleibenden Eindruck bei mir hinterlassen. Die Ehe dagegen hielt nur kurz.

Heute bin ich entspannter und Triathlethin, weil mir laufen zu einseitig geworden ist, ich die Bewegung - auch im übertragende Sinne – aber weiterhin liebe und die Triathlongemeinschaft schätze.

Morgen habe ich mich bereits qualifiziert, signiere das Buch bei einer Lesung – und habe ganz neue Reiseziele und andere Ideen.

Vor der Drucklegung bin ich jetzt schon in dem damaligen Morgen angekommen. Viel Zeit ist vergangen. Die IRONMAN WM ist noch mit ins Buch gekommen. Zunächst sollte es nach der Qualifikation enden, weil das mein Ziel war. Aber mir wurde versichert, es interessiere die Leserin, wie die Geschichte ausgeht. Also ist das „Abenteuer Nizza" noch mit ins Buch gekommen.

Natürlich wollte ich ursprünglich auch als „Ironwoman" nach Hawaii, und zwar ohne Etikettierung als Feministin oder Sprachpolizistin. Das Einhalten der politisch korrekten Form mit :innen interessiert mich weniger. Aber ich war schon in den 80er Jahren Linguistin. Deshalb nutze ich die weibliche Endung in diesem Buch spaßeshalber manchmal für Männer mit. Aber wenn eine Frau gemeint ist, soll sie natürlich auch als solche bezeichnet werden. Frau Merkel war ja auch nicht Bundeskanzler, sondern eindeutig Bundeskanzlerin. Nur die rechte Italienerin Meloni besteht darauf, wie könnte es anders sein, mit „Il Presidente" (männlich) angesprochen zu werden. Auf den Jacken unser Tri-Sport Trainer:innen steht jetzt Trainer:in. Da musste ich nachfragen, warum bei den Frauen nicht einfach Trainerin steht und bei den Männern Trainer. Die Antwort war einfach. Weil der Druck für zwei verschiedene Wörter teurer wird. Das ist natürlich leicht nachvollziehbar.

Ich würde es jedenfalls sehr begrüßen, mich als IRONWOMAN fühlen zu dürfen. Und das geht bestimmt vielen anderen Frauen auch so. Seit 2022 wird statt des gemischten Männer-und Frauen-IRONMAN auf Hawaii und/oder Nizza eigens ein Frauenrennen ausgetragen, wo aus Gründen der Gleichberechtigung so viele

Frauen wie Männer starten sollen. Da muss ich mir die ketzerische Frage stellen: Oder, weil IRONMAN mit insgesamt mehr Starterinnen seinen Profit erhöht? Ich würde das „IRONWOMAN" als wichtige einzuführende Neuerung ansehen, wichtiger noch als die Debatte um den Austragungsort.

Noch einmal zurück zum Heute im Gegensatz zum Gestern aus der Workshop-Schreibaufgabe: Heute fühlt sich die Bewegung wieder stimmig an wie zu Kinderzeiten, als ich stromend unterwegs war und sich zehn Kilometer auf dem Rad wie eine tagesfüllende Aktion anfühlten. Heute fahre ich manchmal zu drei verschiedenen Terminen immer meine jeweils sechs Kilometer hin und zurück mit dem Rad in die Stadt, auch bei Regen. Es gibt Menschen, die halten mich damit schon für verrückt und bezeichnen mich böse als Gesundheitsfanatikerin. Ich finde es dagegen für verrückt, einen Kilometer zum Brötchenholen im Auto fahren. Ich spare Sprit kommt schon eher als Argument an. Dabei entgehe ich nur gerne dem Stress im Stau und fahre lieber gemütlich mit dem Rad Nebenstraßen ohne Verkehr und Ampeln – und habe manchmal schon 40 Trainingskilometer durch die Arbeit oder andere Aktivitäten in der Stadt.

So, und wozu dieses Buch? Es gibt immer mehr ältere Sportler, die sich fit halten wollen und selbst auf den Wettkampf als Motivation fürs Training nicht verzichten wollen. Oder weil sie eben ehrgeizig sind. Meistens geht es um ein positives Lebensgefühl.

Wie viele Videos gibt es mittlerweile von älteren Menschen, die sportlich topfit sind. Eine 100-jährige Gymnastiklehrerin mit viel jüngeren Schülerinnen, eine 90-jährige Turnerin auf dem Barren, die sehr akrobatisch über Kopf geht oder auch gelenkige Yogalehrerinnen. Und eine über achtzigjährige Tänzerin kommt mir noch in den Sinn, die mit einem jungen Mann wilde Pirouetten dreht. Eine 100-jährige Sprinterin hat mich inspiriert, es in dem Alter mal mit einen internationalen 100-m-Lauf zu versuchen. Aber so alt muss man natürlich erstmal werden. Sie war die einzige und langsam, aber sie lief! Alle diese Geschichten entlocken mir heimliche Tränen der Rührung. Ich drehe keine Videos, möchte die Menschen mit meiner Geschichte aber ebenso faszinieren oder auch zeigen, dass es nicht nur auf eiserne Trainingskilometer ankommt, sondern auf den Spaß am Sport.

Dieses Buch schreibe ich für alle, die auch so eine leise Idee haben, sich aber noch nicht trauen, ihren Traum zu erfüllen.

Und als Abschlusssatz: Dieses Buch ist ganz altertümlich komplett ohne KI geschrieben. Das wird beim nächsten anders.

1. MISSION HAWAII – WOFÜR BRENNST DU?

Wenn deine Mission dich nicht freudig erregt und gleichzeitig respektvoll erschaudern lässt, ist sie entweder nicht lustvoll oder nicht groß genug.

Veit Lindau

„Respektvoll" erschaudert war ich, nachdem ich meine Mission erkannt hatte. Nach kurzem Schütteln wusste ich: Go for it.

Wofür brennst du? Auch für den Triathlon? Aber vielleicht dafür, schneller zu werden auf kurzen Distanzen? Oder den Kilimandscharo zu erklimmen? Spüre in dich hinein, wohin deine Energie geht. Wovon hast du schon mal geträumt? Finde es heraus. Es muss ja kein großes Ziel sein. Eine Mission kann der nächsten folgen. Setz um, wovon du träumst und bleib damit lebendig.

Nach den Raunächten zwischen Weihnachten 2021 und dem Dreikönigstag 2022 und als deren Konsequenz stand am 9.1.2022 laut meinen Aufzeichnungen fest, dass ich mich durch gezielte Vorbereitung auf einen IRONMAN für Hawaii 2024 qualifizieren will. Diese klare Formulierung hat mich erst selbst erschreckt. Und es hat etwas gedauert, mich an den Gedanken zu gewöhnen. Raunächte entstammen der germanischen und keltischen Tradition, sich aufs neue Jahr vorzubereiten und es positiv zu beeinflussen. Das Mondjahr ist zwölf Tage kürzer als das Sonnen- und Kalenderjahr. Deshalb spricht man hier auch von der Zeit zwischen den Jahren. Hier lässt man zunächst Altes los, um sich freier dem Neuen stellen zu können. Ich wollte mich dem Projekt „Raunächte" einmal hingeben und ohne große Termine die Zeit ruhig mit Übungen aus einem Buch darüber ganz unesoterisch verbringen. Den Begriff Esoterik verbinde ich leider immer noch mit „Spökenkiekerei". Da bediene ich sicherlich Vorurteile. Mag sein. Jeder hat Vorurteile und ich mache mir hier jetzt mal nicht die Mühe, sie zu hinterfragen.

Auch aus der Kreativitätsforschung weiß man, dass Pausen, und das waren die Raunächte für mich, als Inkubationszeit wirken, während der Neues reifen kann. Statt eines Jahresplans kristallisierte sich meine Mission heraus, die mich unbewusst bereits Jahrzehnte begleitet hatte. Nur fehlte die Klarheit, mir das Ziel überhaupt eingestehen und an mich glauben zu können.

Mit leichtem Unbehagen spürte ich, dass es mehr als" irgendein" Ziel mal wieder war. Mit 40 hatte ich schon gedacht, dass ich ab 50 alle zehn Jahre einen IRONMAN mache. Mit 50 hatte ich tatsächlich den ersten wenig ambitionierten Versuch einer Langdistanz abgespult. Aber warum? Ich hatte mir immer gesagt, ich wollte nur wissen, ob ich es schaffe. Und ich habe es geschafft. Und ich war mächtig stolz darauf, dass ich es einfach so alleine ohne Unterstützung hingekriegt hatte, hatte ich vorher doch oft Angst auf einem normalen Damenrad, von meinen Schwimmkünsten ganz zu schweigen. Kraulen konnte ich gar nicht und beim langsamen Brustschwimmer guckte zur Jahrzehnte während Belustigung meines Vaters immer nur meine Nase aus dem Wasser. Wie Schuppen fiel es mir von den Augen: Warum sonst wollte ich um Himmels Willen mit 50 und 60 einen IRON-MAN machen, wobei es mit 50 zum entspannten Ausprobieren nur eine normale kostengünstige Langdistanz in Köln war. Eine Qualifikation nach Hawaii, das war mir damals auch schon bekannt, gibt es dagegen nur bei der offiziellen Marke IRONMAN. Schon damals hätte ich mir den Titel IRONWOMAN gewünscht. Was nicht ist, kann ja noch werden…

Und nun war nach den Raunächten klar: Go for it! Auf nach Hawaii!!! Warum nicht? Zaudern bringt es nicht! Andere vor mir haben es auch schon geschafft. Die Vorbereitung auf die Hawaiiqualifikation ist meine Mission, eben mehr als ein Ziel. Alles ergab plötzlich Sinn.

Im Jahr 2003 hatte ich von Roland, mit dem ich zu der Zeit öfter zusammen gelaufen bin, das erste Mal überhaupt vom IRONMAN gehört. Er war der Veranstalter des Teammarathons im Berliner Plänterwald, einer legendären Veranstaltung, bei der drei Teilnehmer zusammen immer im Tempo des schwächsten einen Marathon liefen. Er hat 2003 recht spontan seinen ersten IRONMAN in Zürich ohne großes Radtraining, mit normalem Lauftraining und nur 2 Schwimmeinheiten pro Woche ohne teures Rad in

11:11 h gefinisht. Das hat so großen Eindruck bei mir hinterlassen, dass ich von der Geschichte ohne es zu wissen direkt wie ein
Junkie angefixt war. Danach hat er sich etwas gezielter vorbereitet und in der nächsten Altersklasse 2008 direkt den Slot für Hawaii gewonnen. Dabei war er so unaufgeregt. Vor Ort konnte er
natürlich das ZDF für sich gewinnen, das war ihm wichtig. Bei meiner ersten IRONMAN-Live-Übertragung mitten in der Nacht habe
ich ihn in der Lavawüste auf seinem Rennrad und beim Laufen
gesehen. Im Ziel grüßte er die daheim Zugeschalteten. Ich war angesprochen und nachhaltig tief beeindruckt. Seitdem habe ich
mir im Oktober vieler Jahre die eine besagte Nacht vor der Glotze
um die Ohren geschlagen.

Trotzdem sagten mir bis Januar 2022 nur die Namen Jan Frodeno,
Sebastian Kienle und Patrick Lange etwas. Anne Haug und Daniela
Ryf hatte ich weniger auf dem Schirm. Stimmt, den Namen Chris-
sie Wellington hatte ich während eines Hypnose-Seminars schon
mal gehört, einer Fortbildung in Sporthypnose. Aber das ist schon
länger her. Dort hatte ich erzählt, dass ich gar nicht kraulen kann.
Ein zufällig anwesender Triathlet brachte mir die Armbewegun-
gen unter Hypnose bei. Danach war ein wenig der Bann zum Kraulen gebrochen, das heißt, ich habe mich überhaupt getraut es vorsichtig zu üben.

Und das Buch von Thorsten Schöder, unserem Nachrichten-Sprecher Torso, hatte ich gelesen. Er wollte sich 2022 auch nochmal qualifizieren. Und hat es dann letztendlich auch geschafft. Bis dahin hatte ich dann auch schon alle seine Videos gesehen, während ich mich bis 2022 nie ernsthaft mit der ganzen Materie befasst hatte.

Wenn jemand z.B. gefragt hat, ob ich auch mal zum IRONMAN nach Hawaii will, war ich eher unbeteiligt und habe fast gelangweilt jeweils eingeworfen, dass man sich dafür qualifizieren müsse. Da komme man nicht einfach so hin. Für mich war es gar kein Thema. Ich konnte ja nicht einmal schwimmen. Schon vor Jahren hatte ich allerdings mal nach den Quali-Zeiten für W 60 geguckt und sie für absolut unerreichbar gehalten.

Das zeigt mir, dass die Mission bereits irgendwie angelegt war, ich sie nur nie sehen konnte bzw. die Zeit dafür nie reif war. Die logische Schlussfolgerung stimmt jetzt aber. Seit 2003. Warum habe ich Hawaii mitten in der Nacht im Fernsehen gesehen? Mit 40 habe ich mir unbewusst das Ziel gesetzt, es zu versuchen wie Roland Winkler, der damals mein großes Vorbild war. Er hat es ohne Schwierigkeiten geschafft, sich für Hawaii seinen Slot zu ergattern. Natürlich habe ich nicht die Voraussetzungen wie er. Er war als Jugendlicher Leistungsschwimmer und sein Leben lang schneller Ausdauerläufer mit einer Marathonzeit von 2:17. Er ist auch immer noch amtierender DDR-Meister im 100 km-Lauf in

6:20 h, meine ich zu erinnern. Außerdem hat er den Supermarathon am Rennsteig nach Schmiedefeld öfter gewonnen. Mit solchen Leistungen kann ich nicht aufwarten, aber ich kann es ja versuchen, mich gezielt vorzubereiten. Dann kann ich sicher etwas besser schwimmen als bisher und mit Wintertraining auf der Rolle auch eine gute Grundlagenausdauer auf dem Rad erreichen. Natürlich will ich dann deutlich schneller sein als untrainiert mit 50. Ob das wirklich was werden kann, ist fraglich, aber einen Versuch ist es allemal wert.

Das Ganze wirkt zwar immer wieder und noch als ein ganz unglaubliches Unterfangen, von dem ich nie gedacht hätte, dass es mich jemals betreffen könnte, aber warum soll ich es nicht ernsthaft versuchen? Wie in dem Zitat von Veit Lindau erschaudere ich zwar vor dem Großen, will mir mit dem Spannungsbogen aber nicht das Leben schwermachen, sondern mich gerne darein entspannen, sofern das überhaupt möglich sein kann.

Pause ist Training hieß es früher schon oft beim Laufen. Der mir damals dubios anmutende Spruch hat sich mir damals aufgrund meines Ehrgeizes wenig erschlossen. Jetzt, im höheren Alter, fühle ich seine Berechtigung, wusste aber bis Anfang 2023 immer noch nicht wirklich, was er bedeuten kann. Neben dieser Einsicht bedarf es nur noch einer genauen Zielformulierung, eines begleiteten Trainingsplans wie bei meinem ersten Marathon und mentaler Unterstützung in Form von Gleichgesinnten oder Menschen, die sich für das Projekt begeistern können.

Genau betrachtet handelt es sich gar nicht um eine verrückte Idee, sondern es ist wirklich eine logische Konsequenz meines bisherigen Lebens. Ich folge damit weiterhin meiner Mission, sportliche Herausforderungen anzunehmen und das schon seit dem Jahr 2001, also seit 20 über Jahren.

Ich habe immer eher meine individuelle Geschichte aufgeschrieben statt Ratgeber, die pseudowissenschaftlich als Trainingsgrundlage hätten dienen können. Dabei waren es oft Aneinanderreihungen von Wettkämpfen, die mir besonders erschienen. Jetzt treten die Wettkämpfe als deutliche Meilensteine wie Zwischenziele in den Hintergrund. Es geht mehr um den Weg, den jeder gehen kann. Wie immer und überall im Leben gibt es dabei keinen 100% richtigen, verallgemeinerbaren Weg. Jeder muss seinen eigenen finden, der sich an eigenen Voraussetzungen orientiert. Spaß und ein gutes Mindset sind in meinen Augen aber die wichtigsten Begleiter fürs Gelingen.

1.1 Voraussetzungen – ich kann laufen

Auf seinem Weg muss man sich umdrehen, um sich selbst zu finden.

Menzius

Ja, ich kann laufen und bin im wahrsten Sinne des Worts schon ultra viel gelaufen, auch 24 Stunden am Stück, mehrere Hundert-Kilometer-Läufe, fast 600 Kilometer in sechs Tagen und einmal von Nord nach Süd durch ganz Deutschland. Das waren 1205 Kilometer in 17 Tagen. Die Erfahrungen ermutigen mich, auch dieses Wagnis einzugehen.

Schon mit 40 Jahren, recht schnell nach meinen ersten Marathons kam, wie gesagt, die unumstößliche und genauso fixe Idee auf, mit 50, 60 und 70 einen IRONMAN machen zu wollen, womit erst lediglich die Langdistanz gemeint war. Recht schnell hatte ich begriffen, dass ein Wettkampf der Marke IRONMAN besonders teuer war. Das musste damals in meinen Augen natürlich gar nicht sein. Mit 46 Jahren hatte ich 200 Marathons bzw. Ultras gefinisht, darunter neben dem Rennsteig Supermarathon mit 72 Kilometern diverse 100-km-Läufe. Meinen ersten in Ägypten durch die Wüste hatte ich gewonnen. Es war keine andere Frau am Start. 100 % geplant war mein Start nicht, aber als ich 2 Tage vor dem Lauf auf der Meldeliste im Hotel in Kairo sah, dass keine einzige Frau gemeldet war, wusste ich, dass ich nur irgendwie irgendwann ins Ziel kommen müsste, um meinen ersten 100-km-Lauf gewonnen zu haben. Eine verlockende Idee!

Meinen ersten 24-Stunden-Lauf hatte ich sogar gesamt mit 180 km ca. noch vor dem 1. Mann gewonnen. Bis dahin hatte ich immer gesagt, man könne alles schaffen, was man sich vorstellen kann. 24 Stunden zu laufen, konnte ich mir beim besten Willen nicht vorstellen, aber ich wusste, ich tue es einfach. Ein Risiko nicht anzukommen, gibt es ja nicht, wenn man nur auf einem knapp zwei Kilometer langem Rundkurs unterwegs ist. Bei einem Sechstagelauf auf einer 400-Meter-Bahn war ich mit knapp 600 Kilometern erste Frau und damit in der Weltrangliste auf Platz 13. Darauf war und bin ich auch heute noch stolz. Und so möchte ich auch bei der IRONMAN-WM mal aufgeführt sein, wenn auch auf Platz 20 oder 30. Egal. Den Deutschlandlauf über 1205 km von Rügen nach Lörrach habe ich als spannende Sightseeing-Tour hinter mich gebracht. Wir haben in Turnhallen auf harten Turnmatten übernachtet. Meine Freundin in Freiburg hat während der Zeit allen voller Stolz erzählt, dass ihre Freundin aus dem Norden sie zu Fuß besuchen käme. Ich war voller Demut überwältigt, was ein Körper so schaffen kann. Danach hatte ich aber lange Zeit das Gefühl, läuferisch alles erreicht zu haben. Mehr brauchte ich nicht. Mein immer Weiter und Schneller war beendet.

Zwei, drei Jahre später ungefähr 2010 fiel mir recht plötzlich ein, ein Rad zu brauchen, um an einem Triathlon teilnehmen zu können. Schnell hatte ich für 250 € ein gebrauchtes Rennrad namens *Jan Ullrich* gefunden und auf der Stelle gekauft. Mit dem roten Rad, das an mein Kinderrad erinnerte, bin ich recht schnell bis hin zu 300 Kilometern am Stück bei der Vätternrundfahrt in Schweden gefahren. Eine Freundin war dabei lange an meiner Seite. Durch Corona habe ich sie leider verloren. Nicht weil sie gestorben ist, sondern wegen vordergründig unterschiedlicher Auffassungen. Die Gelegenheit darüber zu sprechen, hat sie mir allerdings nie gegeben. Nach der Vätternrundfahrt bin ich ein paar Jahre später noch die Mecklenburger Seenrunde gefahren. Eine wunderschöne Strecke mit viel Wasserblick nur durch die Natur. Den Respekt vor den Klickpedalen hatte ich bis dahin immer noch nicht verloren. Das hat sich erst 2022 nach der Entscheidung für Hawaii gelegt. Auch die Materialpflege ist nicht meins bzw. bin ich überhaupt keine Schrauberin, werde es wohl auch nie werden. Obwohl es sicherlich vorteilhaft wäre. Auf meinem Alltagsrad habe ich mich oft noch darüber gewundert, dass sogar 80-Jährige mich noch überholen. Auf dem Rad bin ich also lange nicht so erfahren wie beim Laufen.

Ca. ein Jahr vor der Langdistanz in Köln, die ich mit 50 Jahren einfach nur finishen wollte, fiel mir auf, dass ich eigentlich nicht wirklich schwimmen konnte. Kraulen hatte ich nie gelernt, aber selbst das Brustschwimmen kostete mich Überwindung. Freiwasser ging gar nicht. Ich wollte doch den Grund sehen. Einige Bekannte sagten mir, ich könne auch einfach Brust schwimmen, was mich beruhigte, andere meinten, ich müsse unbedingt kraulen lernen, um die Beine fürs Radfahren und Laufen zu schonen. Als ich in einer kleinen Lübecker Schwimmhalle versuchte zu kraulen, sprach mich der Bademeister an, was ich da machte. Ich wolle kraulen lernen, war meine überzeugte Antwort. Nein, in meinem Alter ginge das nicht mehr, war seine prompte Reaktion. Ich habe trotzdem nicht aufgegeben. Im Internet habe ich mir einen Neoprenanzug bestellt und ab April trainierte ich draußen. Leider kam ich beim Kraulen nie so weit. Immer nur so ca. 20 Meter am Stück, wenn überhaupt, aber ich blieb auch mal eine Stunde im Wasser. Panik überfiel mich, wenn ich mit der Hand im Freiwasser eine Alge berührte. Sie könnte mich in die Tiefe ziehen… Durch den Neo fühlte ich mich aber immerhin vor bösen Fressfeinden wie Fischen relativ geschützt. Das grundsätzliche Unwohlsein im Wasser ließ sich aber nie vermeiden. Es war einfach nicht mein Element.

Zum Müggelseeschwimmen über 3,5 km war ich angemeldet. Das sollte einen Monat vor der Langdistanz mein Schwimmtest sein. Leider konnte ich dort aufgrund der Wellen überhaupt nur einen Kraulzug machen. Weiter ging es mit Brustschwimmen. Bei meiner ersten Halbdistanz als Test 2 Wochen vor der Langdistanz kam ich so ungefähr als letzte aus dem Wasser. Beim Radeln fühlte ich mich gut, nur hieß es auf der Laufstrecke, dass ich gerade so vor dem Cut-off noch durchlaufen konnte. Ich war geschockt. So langsam war ich?

Köln hatte ich überhaupt nur ausgewählt, weil eine Bekannte mir überschwänglich das Schwimmen dort mit wärmsten Worten im Singsang empfohlen hatte: Das ist sooo schöööön da zu schwimmen - wie in der Schwimmhalle, sooo schööön. Ich glaubte ihr. Und es war so. Am Start war ich ganz ruhig, einer rauchte noch im Neo, wodurch er in einer riesigen Rauchwolke verschwand, während eine Italienerin auf Italienisch kreischte, sie könne nicht schwimmen, sie würde es nicht überleben. Ich hatte viele Jahre in Italien gelebt und hätte sie auf Italienisch fragen können, warum sie denn dann überhaupt am Start stehe. Aber ich hatte ein gewisses Verständnis. Für mich war es das erste Mal, dass ich 3,8 Kilometer durchgekrault bin – wie ein Wunder - und danach bisher auch nie wieder.

Für die erste Langdistanz hatte ich noch Saft und Vertrauen von meinen langen Läufen. Das Mentale stimmte. Im Grunde sollten die Voraussetzungen für eine Langdistanz wohl auch ein bisschen in den Genen stecken. Als einzige in meiner Klasse hatte ich immer eine Ehrenurkunde bei den Bundesjugendspielen. Das stärkte mein sportliches Selbstvertrauen immer. Heute sollen sie leider abgeschafft werden? Ich war auch mal bei Jugend trainiert für Olympia dabei, allerdings als Sprinterin auf 50 Metern. Damals waren mir 600 m ein Graus, weil viel zu lang! Später bin ich im Rauch und anderem Müßiggang aufgegangen. An Sport war seit der Pubertät nicht mehr zu denken. Aber ein gewisses Leichtathletik-Talent war wohl da. Und schon als Kleinkind habe ich mich nach Erzählungen meines Vaters fast mit dem Schaukelpferd überschlagen, auf dem ich wie besessen tagaus tagein geschaukelt habe. Kurz danach war ich unermüdlich auf dem Dreirad bei Regen und Schnee unterwegs. Ein ausgeprägter Bewegungsdrang war zweifellos da. Bei Patrick Lange (Becoming IRONMAN) wurde wohl ADHS diagnostiziert. Solche Diagnosen gab es zu meiner Zeit noch nicht. Vielleicht sind sie aber sogar förderlich für eine Triathlon-Karriere.

Ein befreundeter Triathlet sagte mir vor meinem ersten Langdistanz-Versuch, ein IRONMAN sei natürlich viel kurzweiliger als ein 100-km-Lauf, leichter für den Kopf und abwechslungsreicher für den Körper. Zuerst müsse man nur das Schwimmen schaffen, das Radfahren ziehe sich, aber hinterher komme ja nur noch ein Marathon. Das sei mental weniger ermüdend als 100 Kilometer zu laufen. Seine Worte leuchteten mir ein. Das reine Ins-Ziel-Kommen sollte gar nicht so schwer zu bewältigen sein.

Am Anfang meiner Laufkarriere war mir Schnelligkeit wichtig. Gleich im ersten Jahr bin ich die 10 Kilometer in 45 Minuten gelaufen. Damit war ich völlig zufrieden. Mit dem einseitigen Training für Ultradistanzen bin immer langsamer geworden. Mein Ehrgeiz war erloschen. Und nach dem Deutschlandlauf hatte ich das Gefühl, läuferisch alles erreicht zu haben. Nein, eigentlich war der Plan ein anderer. Es hatte mich fasziniert von Süditalien zum Nordkap zu laufen, der Deutschlandlauf sollte nur der Auftakt für den Europalauf werden bzw. wollte ich erstmal wissen, wie es sich zu Fuß überhaupt so reist. Nach dem Deutschlandlauf wusste ich, dass ich nicht weiterreisen wollte. Den Europalauf sollten andere laufen. Denn nach dem Deutschlandlauf bin ich nachts eine Zeitlang vor lauter Hunger aufgewacht, obwohl ich noch spät am Abend viel gegessen hatte. Und ich habe immer mehr abgenommen, obwohl ich bestimmt 4000 Kalorien verspeisen konnte. Dafür gab es auch eine medizinische Erklärung, aber das wollte ich meinem Körper nicht mehr antun. Ich musste nicht mehr weitere Strecken laufen. Kurz danach reichte mir die Marathon-Distanz völlig aus. Ich fand sie lang genug und auch mein Schnelligkeitsehrgeiz war völlig erloschen. Ich wusste immer, ich hätte mit dem richtigen Training den Marathon unter 3:30 laufen können. Aus dem Ultratraining heraus bin ich mal ganz locker auf 3:39 gekommen. Aber das war nun auch kein Ziel mehr.

Mir war klar, dass ich nicht Radfahren konnte. Ich wurde immer von 80-Jährigen überholt, wenn ich in die Stadt fuhr. Und schwimmen konnte ich ja sowieso nicht. Also war klar, dass ich nie schnell sein würde. Plötzlich lief ich wegen Corona keine Marathons mehr. Und ich wollte mal wieder schneller laufen, nicht mehr langsamer als einen 6-er-Schnitt. Mit Erschrecken wurde mir plötzlich bewusst, dass ich nach dem Aufstehen noch fast schlaftrunken immer nur mit 7:30 durch die Gegend schlurfte. Ich bewegte mich einfach nur noch ein bisschen. Mehr nicht.

Nach der Entscheidung für Hawaii fing ich an, mitten im Winter zum Training zu gehen und im Dunkeln bei Minusgraden sogar meine Runden auf dem Platz zu drehen. Vorher war es mir immer wichtig zum Yoga zu gehen. Mir war klar, ich werde nie schneller, wenn ich nicht mal zum Tempotraining gehe und mit anderen zusammenlief. Entspannung und Meditation ist zwar wichtig für mich, das hatte ich da schon verstanden, aber das Eine muss das Andere ja nicht ausschließen. Als unserer Trainer einmal sagte, es sehe gut aus, wie ich laufe, machte mir das Mut. Ihm vertraute ich mein Vorhaben leise an, ich wolle eine Langdistanz machen. Beim ersten Mal sagte er, ich sei zu langsam, dann plötzlich, wie kriegen es hin. Zwei Jahre Training seien nicht unrealistisch.

Gleich nach der Trennung vom Vater meiner Kinder bin ich tatsächlich viel gelaufen, um zu überleben, anstatt noch mehr für meine Kinder da zu sein. Das Platzen der Familienidylle war zunächst so ein großes Desaster für mich, dass ich zunächst nur weglaufen konnte. Im Nachhinein finde ich es jetzt legitim, auch wenn meine Töchter mir das immer noch vorwerfen. Obwohl es mich natürlich immer noch sehr traurig macht. (Weg)-Laufen kann ein sehr positiver Mechanismus sein wie Verdrängen auch, wenn die Seele etwas gar nicht auszuhalten vermag. Schade, dass das eine wie das andere von Laien oft nur negativ bewertet wird. Jetzt ist es etwas Anderes. Ich weiß, was ich kann und was mir Spaß macht. Und am Lebensende möchte ich sagen können, dass ich einmal an der Langdistanz-WM teilgenommen habe. Das sind Dinge, auf die man gerne zurückschaut. Im Grunde geht es aber um die Kultivierung der Freude an der Bewegung, sie in Verbundenheit mit anderen zu zelebrieren. Ex-Kolleginnen, die Frau von meinem Trainer und andere haben mir gesagt, dass sie so eine Mission so unendlich bewundern bzw. dafür die ganze Nacht vor dem Fernseher sitzen würden, um eventuell einmal die Chance zu haben mich auf Hawaii zu sehen. Toll, ja, das macht mir Mut. Und unterstützt mich.

1.2 Zielformulierung – muss wohl sein

Wenn man auf ein Ziel zugeht, ist es äußerst wichtig, auf den Weg zu achten. Denn der Weg lehrt uns am besten, ans Ziel zu gelangen, und er bereichert uns, während wir ihn zurücklegen.

Paulo Coelho

Ein Ziel sollte bestenfalls smart formuliert sein. SMART ist ein Akronym für spezifisch (Specific), messbar (Measurable), erreichbar (Achievable), relevant (Relevant) und zeitgebunden (Time-bound). Ich bin es gewohnt, Ziele schriftlich genauso zu formulieren, um nicht ins wabernde Nirvana abzurutschen. Aber da es sich hier um (m)eine Leidenschaft handelt und nicht um etwas Betriebswirtschaftliches, darf die Formulierung auch mal virtuoser bleiben. Die Lebens-Energie gibt zur richtigen Zeit das ihre dazu. Auf Glück baue ich bei meinem Plan auch. Es muss eben nicht alles smart sein, im Endeffekt nur passen. Zielformulierungen müssen konkret sein. Natürlich. Aber es lässt sich nicht alles beeinflussen bei der Qualifikation für Hawaii - oder welchem Austragungsort auch immer (an dieser Stelle soll noch nichts vorweggenommen werden). Deshalb möchte ich an dieser Stelle etwas ausholen. Vieles ist einfach Glück oder Pech, wobei ich natürlich mit Glück rechne. Bisher hatte im immer Glück im Leben.

Gut, aber jetzt Butter bei die Fische, wie der Hamburger so unangenehm sagt: **In der AK 60-64 will ich erstmals 2024 so ernsthaft auf einen IRONMAN vorbereitet sein, dass ein Slot für Hawaii dabei herausspringt!** Sollte es aus welchen Gründen auch immer nicht sofort klappen, gebe ich allerdings nicht auf es zu versuchen, bis ich es geschafft habe – selbst wenn es erst eine oder zwei Altersklassen später etwas wird. Wie viele Athleten haben es wieder und wieder versucht, bis es mal geklappt hat? Dabei kann ich jetzt noch nicht absehen, ob ich es gleich im Jahr drauf wieder versuche, vielleicht sogar zweimal oder erstmal Pause machen muss. Mit 63 will ich wohl in Rente gehen. Dann bliebe mehr

Zeit zum Trainieren. Arbeit ist doch sehr zeitaufwändig, wie wohl die meisten wissen. Ab der AK 65 starten deutlich weniger Frauen. Aber zur Not dann eben ich! Früher stelle ich es mir allerdings spaßiger vor. Also, sieh zu, junge Frau! Es gab auch schon die 80-jährige Nonne. Und wenn sie nicht gestorben ist, versucht sie es noch immer! Ich kenne mich; so lange wird es gar nicht dauern! Spätestens beim 3. Mal ist alles im Kasten! Hohoho, jetzt werde ich mutiger in der Zielformulierung. Ja, bei einem Trainingslauf sagte mir eine junge „Kollegin", die sich für die 70.5 IRONMAN WM qualifizieren will, dass Frauen sich doch immer noch schwerer tun mit klaren Ansagen, immer noch zurückhaltender seien, während Männer ihre Dinge groß ankündigen. Das mag sein. Ich will mich auch nicht durch vollmundige Ankündigungen zusätzlich unter Druck setzen. Es beim ersten Mal zu schaffen, halte ich für unrealistisch, wobei wir wieder beim A von smart sind. Das Unterfangen ist auf jeden Fall groß genug, um davor zu erschaudern.

Zurück nochmal zum Glück: Bei einigen IRONMAN wie Hamburg und auch Kopenhagen gibt es anscheinend 100 Slots mehr für die Frauen-WM gibt als noch vor meiner Idee 2022. Das wäre großartig, weil meine Chancen damit schon ohne mein Zutun steigen würden. Sonst konnte bei jedem Rennen nur die Siegerin das Ticket nach Hawaii lösen. Durch getrennte Männer- und Frauen-WM-IRONMAN werden mehr Frauen zugelassen, anscheinend eben auch noch in der AK 60-64. Vielleicht scheitert auch noch eine Frau der AK 60-64 an der Preishürde bzw. wollen sich zurecht den Preisanforderungen nicht unterwerfen. Ich spare! Aber natürlich hätte ich auch sinnvollere Ideen, das Geld unter die Menschen zu bringen. Es gäbe Umweltfreundlicheres, Nachhaltigeres, Sozialeres und uvm. Wahrscheinlich könnte ich selbst bei meiner Art zu reisen sonst entspannt ein halbes Jahr und mehr mit dem Geld reisen. Aber Träume sind Träume, da gibt es kein rationales Für und Wider, kein Wenn und Aber. Und bei mir am besten immer jetzt und sofort. Die Kreditkarte muss man bei der Slotvergabe direkt nach dem Quali-IRONMAN für den Startplatz auf Hawaii locker in der Hand haben. Und wenn eine nicht sofort ihren Startplatz in Hawaii zahlt, rückt die nächste nach. Da könnte es rein hypothetisch auch geschehen, dass die Siegerin schon öfter auf Hawaii war und verzichtet. All das wäre wie gesagt Glück ohne Zutun. Zunächst muss ich also nur finishen! Und bisher war es immer so bei Wettkämpfen: wenn ich gestartet bin, bin ich ins Ziel gekommen! Auch mit den Konkurrentinnen ist es wie beim Russisch Roulette. Ich könnte richtig schnell sein, weil alles passt und dann doch noch eine andere Frau schneller sein. Oder andersherum: ich bin viel langsamer als mein Vermögen und qualifiziere mich trotzdem, weil keine schneller ist.

Alles in allem habe ich wohl schon viel ge- und bedacht, will mich aber nicht verrückt machen mit diesem Ziel. Ich will zuversichtlich bleiben und es lieber öfter versuchen, als es auf Krampf erzwingen zu wollen. Erzwingen, davon bin ich überzeugt, ist sowieso nicht möglich, da man nur ins Übertraining schlittert, die Lust verliert und ausbrennt. Also nie verbissen sein und auch nicht über meine Kräfte, nur fokussiert. Und wenn selbst das nach einigen Versuchen nicht klappt, werde ich lockerlassen, was komplett Anderes machen wie Frauen, die immer schwanger werden wollten und letztendlich ein Kind adoptieren haben, um dann plötzlich doch schwanger zu sein.

Bei meinen über 150 Marathons und Ultras hatte ich auch immer virtuos drei verschiedene Zielideen gehabt: 1. war immer lediglich ankommen, 2. eine leicht erreichbare Zeit und 3. eine etwas ambitioniertere. Meist habe ich alle 3 Ziele geschafft. Kaum mal war ich unzufrieden mit einer Leistung.

Um die gewissenhafte Vorbereitung jeweils, darum geht es mir. Ich habe in dem Jahr 2022 bereits so viel gelernt, dass der Weg sich bis hier schon mehr als gelohnt hat. Gewissenhaft und ernsthaft ja, um jeden Preis nein. Das junge Wilde ist vorbei. Mit kühlerem Mütchen weiß ich, dass es nicht um Leben und Tod geht, wie manche junge Sportler vermuten lassen. Ich bin doch kein Profi, sondern eine mehr oder eher weniger in Ehren ergraute Frau. Ein bisschen mehr Gelassenheit ist dem Ziel eher zuträglich. Davon bin ich überzeugt. Ich werde Trainingspläne verfolgen und mich von unseren kompetenten Trainern begleiten lassen. Auf dem Weg passieren Veränderungen. Ich werde dazulernen, ihn mit Spaß gehen und nicht stehen bleiben. Wer sich nicht weiterentwickelt, macht Rückschritte. Ich will nach Hawaii! Da ist noch Entwicklung notwendig.

Last but not least ist mir dieses Buch als Begleitaktion zu Hawaii ebenso wichtig wie die Qualifikation für und Hawaii an sich. Ich liebe es, das Leben zu verschriftlichen, andere daran teilhaben zu lassen und Samen zu säen, damit auch andere sich ihren Traum verwirklichen. Das beginnt damit, sie in Gedanken erst einmal zulassen. Jede größere sportliche Aktion habe ich im Nachhinein mit Schreiben begleitet, sei es mit Büchern oder Artikeln in Laufmagazinen. Hier geht es aber darum, den Weg zu ebnen, d.h. vorher zu verstehen, wie ich es richtigmachen muss anstatt hinterher Revue passieren zu lassen, was ich draus gelernt habe.

2. DER WEG NACH KONA – ODER WOHIN ÜBER-
HAUPT?

Die Frage ist nicht, ob es möglich ist. Die Frage ist, ob es dir wichtig genug ist, dass du bereit bist, den WEG zu gehen und das WIE her-auszufinden.   *Veit Lindau*

„Oder wohin überhaupt" bezieht sich natürlich auf die Ankündigung von IROMAN, ab 2023 Männer- und Frauen-Austragungssorte jeweils mit Hawaii zu alternieren. Jedes zweite Jahr soll es nach Nizza gehen. Der Mythos Hawaii bleibt in Nizza natürlich vollkommen auf der Strecke. Darüber ist erstmal niemand begeistert. Aber wie an alles, kann ich mich mit jedem fortschreitenden Tag an die Nizza-Idee gewöhnen. Hat es nicht auch Vorteile? Jeden Tag gibt es Veränderungen. Der Weg bleibt überraschend, spannend, kurzweilig.

Warum denn eigentlich der kurzweilige Weg zur Qualifikation? (so hieß die Überschrift vorher. Aus Layoutgründen musste das Adjektiv gestrichen werden.) Bestimmt denkt die eine oder andere an dieser Stelle noch, dass so ein Unterfangen nur mit Selbstschinderei und Askese zu tun hat. Dass man auf Vieles verzichten muss, um Höchstleistung erbringen zu können. Das denke ich nicht. Wird man mit dem Alter nicht auch weiser und hört mit dem Selbstoptimierungswahn auf? In diesem Fall immer schneller, immer besser werden zu wollen. In höheren Altersklassen bringt man meist Sporterfahrung mit und kennt den eigenen Körper. Das trägt zu weniger Verbissenheit bei, was sich letztendlich positiv auswirkt. Zu großer Ehrgeiz und nicht auf den eignen Körper zu hören, führt eher zu Infekten und ist am Ende bestimmt genauso schädlich wie ein Ziel zu blauäugig anzugehen. Vielleicht geht es im fortgeschrittenen Alter ab 60 noch eher darum, den Körper gut am Laufen zu halten und die üblichen Zipperlein, über die sich schon viele ab 50 beschweren zu vermeiden. Ich selbst bin bis 58 überhaupt nicht auf die Idee gekommen, dass ich mal krank werden könnte. Das kam in meiner Vorstellungswelt anscheinend nicht wirklich vor, bis die Infekte nach Corona kamen und ich mit 59 sogar eine Darmreinigung zur Stärkung des Immunsystems gemacht habe, weil ich plötzlich verstanden habe, meinen Körper unterstützen zu müssen, wenn ich ihn gesund erhalten möchte.

Ja. Es gibt so viele Faktoren, die den Erfolg bestimmen, nicht nur das richtige Training im Schwimmen, Radfahren und Laufen. Natürlich spielt die Psyche eine große Rolle. Wenn ich ständig im Zweifel lebe, ob ich es schaffen kann, gebe ich irgendwann auf. Und wenn der Körper nicht will, wenn ich ewig Schmerzen habe, versteht es sich von selbst. Der eine oder andere „Irre" wirft dagegen vielleicht Tabletten ein, aber das wird sich rächen, schätze ich. Das möchte ich niemandem empfehlen, um sein Ziel zu erreichen. An dem Punkt würde ich einsehen, dass das Ziel aus der Welt muss.

Kurzweilig aber auch, weil ich selbst bei starken Schmerzen dann vielleicht doch gucken würde, wie sie zu beheben sind und das Ziel dann 3 Jahre später doch wieder in Angriff nehme – schon wieder diese martialische Sprache, nicht schön. Ich habe ständig neue Ideen im Leben generell und auch beim Sport. Wenn Plan A nicht funktioniert, ist Plan B automatisch da. Die einzelnen Punkte dieses zentralen Kapitels wie auch der Umgang mit Alkohol auf dem Weg zur IRONMAN-WM-Qualifikation sind allesamt Faktoren, die zum Gelingen meines Lebensplans beitragen. Abschließend neben Schwimmen, Radfahren, Laufen, Psyche, Körper noch zu den letzten Punkt „Sein – mehr als Triathlon" für sich zu klären, halte ich für immens wichtig. Neben der Verfolgung großer Ziele sollte die Athletin immer sicher im Leben verankert sein. Niemals darf sich das Leben auf eine Säule alleine stützen. Zu einer sicheren Basis gehören mindestens 4.

Der erfahrene Triathlet weiß sofort, worauf sich die 3 Worte „oder wohin überhaupt"? in der Überschrift beziehen: Am 3.12.22 las ich plötzlich in der WELT, dass 2024 nur das Männerrennen auf Hawaii stattfinden soll. Ich war schockiert. Also mit 60 Jahren sollte ich so oder so schon garantiert nicht nach Hawaii kommen? Zuerst machte sich eine riesige Enttäuschung breit. Mein Plan sollte nicht aufgehen. Ziel schon vor dem Training verfehlt! Ich konnte es nicht glauben. Und da war ich sicher nicht die Einzige. Gott oder welchen Umständen auch immer sei Dank bin ich aber flexibel im Leben. Das stelle ich immer wieder fest. Bereits eine Stunde nach dem Lesen des WELT-Artikels hatte ich akzeptiert, was ich eh nicht ändern kann. Natürlich ging es mir speziell um den Mythos Hawaii. Von dem war auch ich angefixt. Und natürlich will ich die besagten bunten Fische beim Wettkampf im Wasser sehen. Es gab bisher einfach keine Alternative zu dem Mythos IRONMAN auf Hawaii. Zudem bin ich sehr reisefreudig und –neugierig und war noch nie in der Gegend. Der Cuba-Marathon war wohl das nächste in die Richtung. Und ich liebe Vulkaninseln. Hawaii scheint eine sehr spezielle Welt voller Mythen zu sein.

Am 2.12.2022 hatte die WELT bereits folgendes Statement von Jan Frodeno über die Absage des Männerrennens auf Hawaii veröffentlicht: Ich bin ein bisschen eine Mischung aus auf 180, traurig und Corona niedergeschmettert. Ich finde es einfach schade, dass man diese Tradition bricht, zumal das Rennen und dieser Sport von der Tradition leben. Es ist ja in der Tat so, dass der Triathlon meines Wissens nach die einzige Sportart ist, die ihre Weltmeisterschaft immer am gleichen Ort veranstaltet hat. Und so auch diesen Mythos aufgebaut hat."

Zuerst keimte kurzfristig meine Hoffnung auf, vielleicht wählen zu können, ob man im dem Jahr starten will oder vielleicht im Jahr drauf. Aber dann würde es in Nizza sicherlich recht leer werden. Welch Schnapsidee. Mittlerweile frage ich mich, ob es nicht sogar Vorteile haben könnte, in Nizza zu starten. Es wäre sicherlich entspannter, direkt mit dem Rad im Auto vorzufahren und würde immense Kosten sparen. Und Nizza ist für mich ein bisschen wie zu Hause, meine zweite Heimat. Ich habe einige Jahre in Sanremo an der französischen Grenze gewohnt und bin freitags nach Menton oder Nizza gefahren. Warum also nicht auch da? Beim Nizza-Marathon nach Cannes 2017 war es für mich auch durchgehend ein Gefühl von Heimat. Es war deshalb sogar meine erste Idee, in Nizza das Qualifikationsrennen zu absolvieren. Aufgrund der extrem bergigen Radstrecke, die nichts für eine Flachlandbewohnerin ist – wir sind da in den Seealpen -, habe ich die Idee allerdings ganz schnell wieder verworfen. Bei der WM wäre es mir allerdings vollkommen egal, ob ich dort als Letzte ankäme. Ich möchte nur einmal dabei sein. Der olympische Gedanke zählt! Und wenn ich dann keine bunten Fische sehe, fühle ich eben alte Heimat beim Blick auf „mein" Mittelmeer von den Seealpen hinab.

Auf jeden Fall will ich mal nach Hawaii, soviel steht fest. Hawaii steht fest auf meiner Reise-Bucket-List. Aber tatsächlich kann ich mich mit dem Gedanken arrangieren, in Nizza zu starten. Ich will mich qualifizieren, so früh, wie möglich! Wenn es dann nach Nizza geht, nehme ich das Leben an, wie es kommt. Und versuche es später vielleicht weiter, doch noch mal nach Hawaii zu kommen.

Das Zitat dieses Kapitels ähnelt dem des vorherigen und das Ziel klärt sich hier nochmal mehr. Mir wird immer klarer: Ich will mich so früh wie möglich für die WM qualifizieren, egal, wo sie stattfindet und dabei den Weg dahin so bewusst wie möglich gehen. Jede muss ihren eigenen Weg finden. Jede hat andere Voraussetzungen im Leben und muss sich derer bewusstwerden. Es kann erst recht bei älteren Athleten, die noch nicht ewig im Triathlon-Wahn sind, nicht nur um stures Abarbeiten von Trainingsplänen gehen. Das wäre mir zu aseptisch. Es gibt neben denen, die alles gut können, von Haus aus gute Schwimmer, andere sind Radfahrer oder gute Läufer. Das sind besondere Voraussetzungen, die sich aufs Training auswirken. Als nicht besonders gute Schwimmerin wäre z.B. mein Aufwand zu hoch, bedeutend schneller zu werden. Wie auch sonst im Leben macht es mehr Sinn, sich auf das zu fokussieren, was man schon gut kann. Ein Triathlon wird nicht im Wasser gewonnen. Eine Freundin von mir ist z.B. Streakrunnerin. Ihr ist es wichtig, jeden Tag mindestens 5 Kilometer zu laufen Das gibt ihr Struktur. Schon alleine dadurch würde sich eine andere Art zu trainieren ergeben. Es ist deine Pflicht, erst einmal herauszufinden, wer du bist, dann du selbst zu sein und nicht irgendetwas nachzubeten, was dir in Podcasts oder Büchern dazu verkauft werden soll. Mach dein Ding und hab Spaß dran! Wenn möglich gemeinsam mit anderen. Denn durch die

Verbundenheit mit anderen werden wir gesünder. Ja, nach neusten Forschungen ist rauchen z.B. weniger gesundheitsschädlich als Einsamkeit. Wer hätte das gedacht. Also, sei kein Einzelkämpfer, such dir Gleichgesinnte.

Im Folgenden versuche ich aufzuzeigen, wie sich bei mir Veränderungen eingestellt haben im Mindset und ich auch immer wieder neue Unterstützung gesucht habe wie beim Bikefitting z.b., die die Ernsthaftigkeit des Ziels untermauern. Das Wichtigste zu Beginn ist jedoch, wirklich zur Idee zu stehen und sie zu verkünden, damit sie für alle in der Welt ist und keine geheime Mission mehr. Denn dann wird nachgefragt, du bekommst automatisch Unterstützung durch andere, und kannst nicht mehr so leicht zurück, wie wenn du die Idee nur im eigenen Kämmerlein verfolgst. Zusammengefasst hier noch einmal: Kurzweilig ist der Weg, weil sich so viel bewegt und kein Stein auf dem anderen bleibt. Es gibt immer neue Impulse auf dem Weg: Im Training, durch äußere Umstände, durchs Lernen den Körper zu verstehen, durch neues Bewusstsein, durch deine Mitstreiterinnen.

2.1 Ort der Qualifikation – wird sich ergeben

Nicht der Berg ist es, den man bezwingt, sondern das eigene Ich.
Edmont Hillary

Die Wörter „wird sich ergeben" habe ich im Januar 2023 geschrieben, als ich mich bereits in meine Mission hinein entspannt hatte, in dem Glauben, dass der richtige Ort dazu rechtzeitig kommen wird und ich nicht mehr alles minutiös vorausplanen muss. Vielleicht wird es Hamburg wegen des kurzen Weges oder Kopenhagen, aber vielleicht auch ein anderer schöner Ort, der mich reisetechnisch reizt.

Da in den Kapiteln zuvor von Hawaii und Nizza die Rede war, kann hier jetzt noch direkt der Ort der Qualifikation mit verhandelt werden. Dann sind wir durch mit der Geografie in diesem Buch und können uns den wirklich wichtigen Dingen wie Schwimmen, Radfahren und Laufen widmen und natürlich all dem anderen schönen Leben.

Als allererstes noch im Januar 2022, nachdem die Idee der Hawaii-Quali ans Tageslicht gekommen war, wollte ich als ewige Planerin wissen, bei welchem IRONMAN ich mein Glück versuche, also den Ort noch vor dem ersten Training festlegen. Schon vor langer Zeit hatte ich mal gehört, man solle seinen Qualifikationsort sehr genau nach seinen Chancen planen. Angeblich war es in Neuseeland mal ganz einfach sich zu qualifizieren. Aber so viel Geld und Zeit habe ich jetzt auch nicht, um erst nach Neuseeland und dann nach Hawaii reisen zu können. Noch im Januar 2022 habe ich aber überlegt und recherchiert, welcher IRONMAN wohl für mich in Frage kommen könnte. Orte sind wichtig für mich. Deshalb kam wohl spontan als erstes konkret die Frage nach dem WO auf.

Nizza kam mir als erstes in den Sinn, weil es für mich Heimat ist. Lanzarote ist eine meiner Lieblingsinseln, wo wir trotz Wind und Steigungen wunderbar entspannt geradelt sind. Beide Orte üben auf mich eine starke Faszination und Anziehung aus. Aber natürlich spricht das Höhenprofil der Radstrecke gegen beide Orte. Als Flachlandtirolerin sind mir Berge leider immer noch fremd. Lange habe ich bei spätestens 45 km/h bergab begonnen zu bremsen, Ich kann zwar stundenlang bergauf fahren, aber auch nicht schnell. Da würde ich zu viel Zeit verlieren. Kopenhagen ist nah gelegen, aber in der Ostsee zu schwimmen, schien mir auch ein Horror, von der Kälte und den potentiellen Quallen und den Wellen her. Ein Bekannter hatte mal erzählt, wie er bei Windstärke 5 beim Ostseeman bereits nach dem Schwimmen aufgeben musste, weil er im Wasser nur gekotzt hatte und sein Magen zu durcheinander war, um noch aufs Rad zu steigen. Ich bin auch nicht seefest. Selbst beim Whalewatching auf La Gomera, was ich unbedingt wollte und auch wunderschön war, war ich grün im Gesicht und mir kotzübel. Später klärte sich: In Kopenhagen wird im See bei 24 Grad geschwommen. Das wäre natürlich ideal. Mallorca ist mir von Trainingslagern auch vertraut und schön, aber schon viel weniger Heimat als Nizza und Lanzarote, letztendlich aber wahrscheinlich genauso bergig. In Kuopio (Finnland) war ich schon mal im Winter. Das muss im Sommer sehr schön grün sein und natürlich nicht so heiß beim Laufen. Schwimmen im See, radeln flach. Auch Kuopio schien also interessant.

Der IRONMAN Italien in der Emiglia-Romagna hat sich mir bereits am letzten Tag, bevor Corona begann, im März 2020, in einer Therme an der Müritz aufgedrängt, lange vor der Entscheidung, den IRONMAN wirklich anzugehen. Da stand mutter-seelen-allein ein Rucksack mit der Aufschrift „IRONMAN Emiglia-Romagna". Ein Wunder. Eine Mahnung. Da ich lange in Italien gelebt habe, das Land meine zweite Heimat ist und ich dort schon einige Marathons und mehr zu gerne gelaufen bin, dachte ich sofort verzaubert wie hypnotisiert: Wenn einen IRONMAN, dann da!

Tallin konnte ich mir 2022 auch gut vorstellen. Da bin ich den Marathon an der Ostsee gelaufen. Die Stadt hat mir gefallen, viel besser als Helsinki gegenüber. Und Zürich (bzw. Thun jetzt) kam mir da auch in den Sinn (Roland, mein IRONMAN-Idol hat da seinen ersten IRONMAN gefinisht) Die Schweiz ist zwar teuer, aber da habe ich durch die Logosynthese auch eine Verbindung hin. Ein Vorteil wäre es schon, wenn ich mein Rad nutzen könnte, als ein anderes vor Ort leihen zu müssen, was dann vielleicht nicht optimal passt. Vielleicht gibt es auch gar keine zu leihen. Vielleicht muss man seins immer mitnehmen und ich bin naiv. Aber schrauben mag ich nicht, also doch mit Auto hinfahren!

Irgendwann habe ich mir über das Thema gar keinen Kopf mehr gemacht, besser ist, sondern die Option einfach offengelassen. Mir wurde bewusst, dass ich ja sicherlich sowieso mehrere ausprobieren muss. Früher war ich dazu zu geizig. Jetzt denke ich, dass ich das Geld dafür einfach ausgebe. Außerdem kam plötzlich das Vertrauen, dass der richtige Ort schon zur richtigen Zeit kommt. Das war schon immer so und so wird es auch jetzt ohne große Entscheidung heraufbeschwören zu müssen sein. Ich muss noch lange gar nichts entscheiden.

Mit der IRONMAN-Quali hat es nun gar nichts zu tun, aber im Sommer 2022 kam mir plötzlich die Idee, vor meinem ersten offiziellen IRONMAN 2024 rein aus Spaß die Roth Challenge als Test zu machen. Nach dem Motto: Was ich mal erlebt habe, hab' ich! Wobei es natürlich nicht ums haben, sondern ums machen geht. Wer mich kennt, kann das bestätigen. Denn die Erinnerungen an den Deutschlandlauf wie auch den Kilimandscharo, die 24-Stunden-Läufe oder den 6-Tagelauf sind schon etwas ganz Besonderes. Das war gut so! Die Erfahrungen möchte ich nicht missen. Und so möchte ich auch Roth im Gepäck haben. Man weiß nie, wie das Leben spielt. Ich hatte 2022 Videos von der Challenge gesehen, wie Jan Frodeno aussteigen musste... Der Solarer Berg! Was für eine Stimmung bei der Challenge herrscht. Ja, neben Hawaii ist auch Roth absoluter Kult und besser erreichbar als Hawaii. Im Jahr zuvor hatte ich mal versucht, mich für Roth anzumelden.

Schon um 10 Uhr, als die Anmeldung öffnen sollte, hatte ich die Absage. 2022 habe ich recht leidenschaftslos meinem genialen IT-Freund Götz fast nebenbei gesagt, er solle mich mal für Roth melden, weil mein Server zu langsam sei. ‚Zufällig' saß ich, wie sehr selten, am PC, als die Anmeldung freigeschaltet war. Um 10 Uhr und 12 Sekunden kam die Mail mit „Congratulations" in der Betreffzeile. Ich war wie vom Donner gerührt. Innerhalb von 24 Stunden sollte noch ein Code kommen zur offiziellen Meldung. Nach einer Stunde war ich nervös, wann der Code denn nun kommen würde. Die Mail kam. Später habe ich noch öfter gehört, wie schwierig es sein soll, sich für Roth zu melden. Ohne IT-Freund wäre es mir wohl auch nie gelungen. Erst später habe ich gemerkt, dass ich damit unnötigerweise einen Spannungsbogen über zwei Jahre halten wollte. Mein Körper hat rebelliert. Ich sollte erst in eine Pause gehen und ganz neue Kräfte sammeln bzw. verstehen, dass die Gesundheit wichtig ist und ich meinem Körper zumindest hin und wieder Gutes tun muss, wenn ich Leistung von ihm erwarten möchte. Wie in jeder anderen Beziehung geht es auch hierbei nur mit Geben und Nehmen.

Später mehr zur Roth-Absage. Danach stand aber plötzlich wie aus heiterem Himmel fest, dass ich 2024 in Hamburg starte. Nicht immer in die Ferne schweifen. Das ganze Geschwafel hier bzw. vorher das ganze Hin und Her-Grübeln war überflüssig gewesen. Eine Garantie für gutes Gelingen gibt es natürlich nirgends. Ich versuche es in Hamburg! Ja, und hoffe auch auf Glück dabei. Und wenn es nicht klappt, versuche ich es so oft, bis es klappt, Aber ich will mich in nichts mehr verbeißen. Das bringt nichts, höchstens Übertraining oder Krankheit. Im Leben gibt es viel mehr als Triathlon. Das sollte man bei allen großen Zielen nie vergessen.

Selbst Patrick Lange schließt sein Buch als Profi mit folgenden Worten ab, denen ich mich unbedingt anschließe: „Ich möchte vermitteln, dass man sich von niemandem etwas vorschreiben oder ausreden lassen sollte, was man träumt. Dass man weitermachen soll. Aber Leute, bei allem Ehrgeiz: Verliert den Spaß an der Sache nicht! Lasst auch mal eine Einheit aus, wenn es zu viel wird. Vernachlässigt eure Familie nicht, um zwei Minuten schneller zu sein im IRONMAN. Lasst öfter mal die Uhr weg und macht einfach. Macht euch locker!"

Da können wir alten Altersklassenathleten im fortgeschrittenen Alter mit mehr Weisheit es doch wirklich lockerer angehen. Gewissenhaft ja! Auf Krampf nichts!

2.2 Tri-Sport Lübeck – gemeinsam Spaß haben
Das Geheimnis des Lebens ist es, den Lauf der Zeit zu genießen.

James Taylor

Auch, wenn Triathlon als Einzelsportart gilt, scharen Triathleten sich gerne zusammen. Gemeinsam am Sonntag laufend mit vielen

Gleichgesinnten durch die Gegend zu schnattern, hat was. Auch am Sonnabend im Winter in einer 8er Gruppe auszufahren und immer durchzutauschen, damit jede mit jedem plaudern kann, macht das Radtraining viel kurzweiliger. Wie schwer ist es dagegen, sich allein aufzuraffen?

Der wichtigste Punkt auf dem Weg zu meinem langfristig angelegten Ziel sind Mitstreiter und Unterstützer noch vor den Disziplinen selbst. Meine Logosynthese-Kollegin und auch Schreibcoach-Mentorin Ulrike Scheuermann hat einen neuen Bestseller über die enorme Wichtigkeit von sozialen Kontakten geschrieben. Nach neusten Forschungen sind gute soziale Bindungen auch wichtiger für die Gesundheit als die richtige Ernährung z.B.

Hört man immer nur: Du bist ja verrückt! Das ist doch nicht normal. Was soll das? demotiviert es. Verständlich. Im Tri-Sport Lübeck dagegen finden sich vom Triathlon begeisterte Menschen jeden Alters und jeder Leistungsklasse zusammen, die natürlich fast alle mit dem Ort Hawaii sofort einen Sehnsuchtsort verbinden. Mit ca. 250 Mitgliedern sind wir der größte Triathlon-Verein Schleswig-Holsteins. Das Angebot an geführten Radausfahrten, Schwimmen in der Halle und im Freiwasser wie auch an Lauftraining ist enorm. Wenn ich wollte, müsste ich nie alleine trainieren. Auch deshalb bin ich wieder einmal froh in Lübeck zu wohnen, einer Stadt mit viel Wasser und viel Grün im Umland.

Wir haben mittlerweile 6 Liga-Mannschaften, die in der Schleswig-Holsteinischen Triathlon-Union starten, die erste Frauenmannschaft mittlerweile sogar in der Regionalliga. Das neue Marketing-Team kümmert sich um Wettkampfbekleidung, damit wir noch bekannter werden, und durfte dafür sogar den Lübschen Adler verwenden. Das Frauenteam Golden Girls, in dem ich starte, ist zwar auch ein Ligateam, aber wir genießen uns in erster Linie als Frauenteam im fortgeschrittenen Alter ab 40 – und sind meistens die letzten. Wir haben großen Spaß dabei zu sein und tragen die Freude am Triathlon begeistert in die Welt, mit goldenen Badekappen und schwarzem Shirt mit goldenem Triathlon- und Golden-Girls-Aufdruck.

Schon die Treffen, um unsere gemeinsame Saison zu planen, schüren das Gemeinschaftsgefühl. In der Ligamannschaft nehme ich gerne an Kurzdistanzen teil, um auch mal ein bisschen flotter aus dem Knick zu kommen. (Auf Seite 97 gibt es ein Foto von unseren Golden Girls nach dem Zieleinlauf in Schenefeld.) Eine kleine Anekdote zwischendurch: Während meine Golden Girls beim heimischen Sieben-Türme-Triathlon auf der Strecke waren, habe ich im Ziel die Medaillen verteilt. Bei der Olympischen Distanz war Andreas Raelert aus Rostock dabei, der schon x-Mal als Profi auf Hawaii war. Ich kannte ihn damals noch nicht und habe ihn überschwänglich beglückwünscht, dass er 'auf dieser langen Distanz' ja so unglaublich schnell war. Kein zweiter in Sicht. Oops.

Ein typischer „Suse"-Faux pas. Vielleicht hätte ich vorher einmal in die Starterliste gucken können? Aber mein Einsatz dort war ja nicht geplant und er hat sich ganz freundlich bedankt. Ja, Triathleten sind meistens ganz nette Zeitgenossen.

Im April 2022 und 2023 sind wir jeweils mit fast 30 Tri-Sportlern ins Trainingslager nach Mallorca geflogen. Mallorca eignet sich wegen der Radinfrastruktur hervorragend für Trainingslager. Wenn man allein die Radständer auf dem zentralen Platz in Petra sieht, freut sich das Radler-Herz über all die Gleichgesinnten, die dort ihr Unwesen treiben. Und überall sind gute Leihräder verfügbar. Und die Autofahrer nehmen Rücksicht und sind Kummer gewohnt. Es gibt so unglaublich abwechslungsreiche Landschaften zum Fahren, durch die Berge, am Meer oder auch durchs weit verzweigte Hinterland mit Orangenhainen und auch fast ebenen Rennstrecken. Buchten mit türkisem Wasser oder Marktplätze voller Radler versüßen den Kaffee unterwegs zusätzlich. Mallorca war immer anstrengend, hat aber auch Wirkung gezeigt. Schon Anfang der Saison waren wir fit, weil wir auch viel Berge gefahren sind. An die Abfahrten musste ich mich sehr gewöhnen als Radneuling und Flachlandtirolerin. Einmal hatte ich 58 km/h auf der Uhr, worauf ich richtig stolz war. Sonst hatte ich bei 42 Km/h schon immer angefangen zu bremsen. Leider sind wir dort wenig bis gar nicht geschwommen und auch kaum gelaufen. Im ersten Jahr war ich von den Radbekleidungsgeschäften in Playa de Muro völlig geflasht und habe mich auch mit Alé und Castelli Trikots ausgestattet. Nach dem ersten Trainingslager hat die Freude aufs Fahren in der Sonne die kurzen Tage im Winter jeweils etwas erträglicher gemacht.

Gleich am zweiten Tag 2023 sind Martina und ich eine Strecke mit 120 Kilometern 2400 Höhenmetern nach Sa Calobra gefahren. Die anderen fanden das nicht so zielführend, aber Martina und ich haben anscheinend ganz eigene Ideen, die wir aber unmittelbar teilen. Wir dachten, lieber gleich so ein hartes Ding, bevor wir vom Trainingslager schon ermüdet sind. Die meisten hatten Ligawettkämpfe als Ziel, wofür die extrem langen Ausfahrten gar nicht zielführend sind, aber man darf doch Spaß haben und es schadet nicht. Bestimmt Mallorca sei Dank bin ich die 320 km Mecklenburger Seenrunde einen Monat später so entspannt gefahren.

Im Jahr 2024 haben Martina und ich unser eigenes Ding gemacht. Wir wollten nämlich nicht nur richtig viel fahren, sondern ich speziell im Hinblick auf meinen IRONMAN in Hamburg auch schwimmen. Deshalb hatten wir ein Hotel mit 25-Meter-Becken gewählt, wo wir nach der Ausfahrt fast täglich noch einen langsamen Kilometer im Wasser drangehängt haben. Manchmal ist es auch effektiver, wenn man sich nur zu zweit absprechen muss. Letztendlich waren wir danach fitter als die Jahre davor.

Im Oktober 2022 fand ein Trainingslager der SHTU von Frauen für Frauen in Malente, einem Förderstützpunkt in der Holsteinischen Schweiz, statt. Wir waren mit einigen Mädels vom Tri-Sport dabei. Ich erwartete mir davon Benefits für den IRONMAN. Drei Stunden schwimmen standen z.B. auf dem Plan. Das wirkte auf mich schier unmöglich. Ein Horrorfilm. So lange war ich noch nie in dem Element. Aber das Schwimmen mit Flossen und einigen Spielen zwischendrin haben wirklich Spaß gemacht und mir wieder einmal mehr die Angst vor dem Wasser genommen. Nach zweieinhalb Stunden habe ich es mir trotzdem erlaubt zu gehen und war stolz, so lange dabei gewesen zu sein. Das gesamte Wochenende hatte etwas wohltuend Spielerisches. Es hat mir große Freude bereitet, vor allem auch das Stabi- und Zirkeltraining in der Halle. Im Grunde war es wie in der Schule, mir jedenfalls irgendwie lange vertraut. So etwas würde ich bestimmt mit 80 noch gerne machen.

Das Schöne im Verein ist die Vielfalt der verschiedenen Menschen, mit denen man zu tun hat. Die ausführlichen Gespräche mehr beim Laufen als auf dem Rad machen nicht nur das Training kurzweilig, sondern sind natürlich auch bereichernd wegen der unterschiedlichen Kontakte. Über den Tri-Sport durfte ich 2024 auch noch an einer Leistungsdiagnostik von der Medizinischen Uni Lübeck teilnehmen. Ein Tri-Sportler schreibt darüber seine Doktorarbeit. Mit Martina war ich zusammen beim Schwimmen, was wir beide nicht hingekriegt haben, weil es für uns beide zu schwierig war mit Maske und Schläuchen zu schwimmen. Das Radfahren auf der Rolle direkt im UKSH war interessant. Ich habe 320 Watt getreten, was er für mein Gewicht und Alter anscheinend beeindruckend fand. Auch beim Laufen war ich gut. „Da können sich jüngere noch 'ne Scheibe von abschneiden.", war der Kommentar des Doktoranden.

Über den Verein hinaus habe ich weitere Unterstützerinnen wie meine Lieblingskollegin Eryka. (Ein Foto von Eryka und mir beim gemeinsamen Triathlon in Bornhöved gibt es auf Seite 97.) Sie hat mich vor Nizza noch durchs Sauerland über die Berge gescheucht. Dabei hat sich der Vo2 max auf meiner Uhr von 46 kurzzeitig auf 47 erhöht. Bei der Leistungsdiagnostik wurden wir aber aufgeklärt, dass die Uhren bei Frauen nicht richtig anzeigen, weil ihnen die Referenzwerte fehlen. Mein Vo2max liegt demnach bei 60. Meine ewig verflossene Kollegin Melanie feiert meine Vorhaben immer geradezu und schreibt mir immer extrem aufmunternde Worte. Mit Christian oder meiner Tochter Paloma bin ich auch hin und wieder zusammen gelaufen. Letztendlich hat sich Martina als meine besondere Tri-Sport-Trainingsfreundin herauskristallisiert. Bei uns sind nicht nur alle Disziplinen miteinander kompatibel. Ohne Gleichgesinnte und Mitstreiterinnen, die auch zu Freunden werden, lassen sich große Ziele nicht umsetzen oder zumindest nicht so leicht.

2.3 Schwimmen – Sandra hilft weiter

Die Lektion ist einfach, der Schüler ist schwierig.

Buddhistisches Sprichwort

Sandra Völker unterstützt Triathleten gerne beim Schwimmen. Mir hat sie immer wieder Dinge gesagt, die ich versuche umzusetzen. Im Geiste habe ich sie oft dabei. Das gibt mir ein gutes Gefühl. Sie weiß ja, wie es geht. Vor allem, und das ist das Wichtigste, gehe ich jetzt gerne ins Wasser. Sucht euch jemanden, der euch die Freude am Schwimmen nahebringt, wenn ihr sie nicht schon habt.

Mit knapp 6 Jahren durfte bzw. musste ich den Freischwimmer im Beidendorfer See bei Lübeck machen, weil meine Eltern meinten, dass man schwimmen können muss, wenn man zur Schule kommt. Das war sicherlich gut gemeint. Aber Wasser war nie mein Element, weil sich bestimmt nie jemand Mühe mit mir gegeben hatte. Ich musste nur lernen, nicht zu ertrinken. Mit Spaß hatte das nichts zu tun. Als ich am Mittelmeer wohnte, bin ich wie die Italienerinnen nur im August ins Wasser gegangen, weil es sonst natürlich viel zu kalt ist. Ja, so ca. 30 Grad sollte es haben, bevor das kühle Nass anfing eine gewisse Anziehung auszuüben, aber nicht, um darin zu schwimmen, sondern nur, um ein bisschen über die Wellen zu hüpfen. Mehr war über 50 Jahre nicht drin. Die Ostsee schied bei mir wegen der Kälte und der Farbe als betretbares Gewässer ebenso lange aus - von anderen Gewässern, bei denen man nicht auf den Grund schauen konnte, ganz zu schweigen. Die Idee „Schwimmhalle" oder „Freibad" kann ich an zehn Fingern abzählen, aber eher auch nur zu dem Zweck, dass meine Töchter Schwimmen lernten. Auch sie sollten nicht ertrinken! Und als läge es in den Genen, nannte der Schwimmlehrer meine sonst extrem sportliche Tochter gleich „Oma Paloma". Aber das kann dann ja auch nichts werden. Sie mag bis heute kein Wasser.

Für die erste Langdistanz bin ich immer alleine in einer winzigen Halle schwimmen gegangen und habe versucht zu kraulen, weil mir diverse befreundete Triathleten versicherten, es sei besser, nicht Brust zu schwimmen, um die Beine zu schonen. Okay. Allerdings fragte mich der Dienst habende Bademeister sehr schnell, was ich da mache. Auf die Antwort „Kraulen lernen" konterte er umgehend, dass das in meinem Alter nicht mehr möglich sei. Trotzdem habe ich nicht lockergelassen und bin 2 Monate vor meiner ersten Langdistanz 2014 regelmäßig 2-3 Mal die Woche mit neu erworbenem Neoprenanzug, mein ganzer Stolz, todesmutig in die Wakenitz in der Lübecker Innenstadt gegangen. Von je 1 km im Wasser, bin ich immer mal wieder 50 Meter am Stück gekrault. Mehr ging nicht. Schließlich waren unter Wasser auch Schlingpflanzen, die nur darauf warteten, mich in die Tiefe zu ziehen oder riesige Fische, die zubeißen würden, wenn sie mich erwischten. Der Neo schützte mich aber gefühlt schon ganz gut gegen die Wasserfeinde.

Als Überprüfung meiner Künste hatte ich mich fürs Müggelseedurchschwimmen mit 3,5 km in Berlin angemeldet. Zu meinem Entsetzen gab es dort es enorme Wellen, so dass ich beim ersten Kraulzug schon scheiterte und mit Brustschwimmen die ewig lange Strecke bewältigen musste. Eckart von Hirschhausen war mit mir am Start und sah zu meiner Verwunderung sehr untrainiert aus, war aber natürlich viel schneller als ich.

Auch bei der Mitteldistanz zwei Wochen vor meinem großen Start waren so viele Pflanzen im Wasser, dass ich Angst bekam, mich dort zu verheddern. Deshalb blieb mir nur, so oberflächlich vorsichtig wie möglich Brust zu schwimmen. Aber es kamen sogar noch Athleten hinter mir. Faszinierend. (Die erste Mitteldistanz als Formüberprüfung 2 Wochen vor die erste Langdistanz zu legen, war natürlich auch nicht schlau, schien mir naiver Weise damals aber so.)

Für Köln habe ich mich nur gemeldet, weil eine Bekannte sagte, dass mir das Schwimmen im Fühlinger See gefallen werde. Sie sagte mit sehr viel Emphase, es sei dort sooooooo schööööööön zu schwimmen – fast wie in der Schwimmhalle, nur noch schöner. Das sagte mir nichts, aber ich vertraute ihr und siehe da: Ich bin auf einmal die fast vier Kilometer durchgekrault, immer mit Füßen vor mir und den Blick auf die Seile der Regattastrecke gerichtet.

Im Nachhinein erschien mir das wie ein Wunder, von dem ich mich 6 Jahre erholen musste. So lange habe ich den Neo nicht mehr angezogen und wieder behauptet, ich könne nicht schwimmen. Ich bin wohl wirklich, wie man so schön sagt, eine „Wettkampfsau", denn was sonst gar nicht geht, geht im Wettkampf auf einmal doch. Beim Einschwimmen im Fühlinger See kreischte eine Italienerin wiederholt und ständig, dass sie nicht schwimmen könne. Das sind ja sonst auch meine Worte, aber hier bekam ich einen plötzlichen „Mut"-anfall und habe ihr ganz ruhig gesagt, dass man sich doch nicht für 3,8 km anmelde, wenn man es wirklich nicht kann.

Das Schwimmen ist also eindeutig meine schlechteste Disziplin und wird es wahrscheinlich auch bleiben. Aber es ist natürlich auch die kürzeste. Ich tröste mich durch die gerne gehörten Worte, dass beim Schwimmen kein Triathlon gewonnen wird. Nein, ich wollte auch noch nie gewinnen und beim Schwimmen erst recht nicht. Nicht letzte zu sein, war bisher mein Ziel, das ich auf wundersamen Wegen sogar immer erreichte. Hier habe ich jetzt ein bisschen ausgeholt, um zu zeigen, was dann doch noch möglich ist: nämlich die Angst vor dem Nass zu überwinden und sogar Spaß daran zu entwickeln, aber der Weg war noch weit.

Direkt nach dem ersten Corona-Lockdown 2020 wollte ich mich impfen lassen, nicht aus Überzeugung von der medizinischen Notwendigkeit, sondern weil ich beim Tri-Sport schwimmen wollte. Wir haben beim Tri-Sport mehrere Schwimmtrainer:innen. Sabine z.b. macht ihren Job ehrenamtlich bestimmt seit 50 Jahren und hat natürlich enorme Erfahrung und auch Ausdauer, es noch den Verhindertsten wie mir beizubringen. Sie nannte mich von Anfang an, „die Läuferin" und sagte bald, dass ich eigentlich nicht auf die E-Bahn, die schlechteste, gehöre, sondern eher in die Kraulschule. Die Rückmeldung traf mich hart, nachdem ich mich schon ein bisschen mit der Schwimmhalle angefreundet hatte. Vorher war sie mir ein Graus bzw. nur die heiße Dusche ein Anreiz hinzugehen.

Detlev, ein anderes Trainer-Relikt noch aus der DDR (wunderbar), war freundlicher. Er sagte, die Häufigkeit macht's. Ich solle einfach ins Wasser und regelmäßig schwimmen, dann wird's wohl. Auf meine Frage, ob ich es wohl schaffe könne, 1:20 beim IRON-MAN zu schwimmen, meinte er sehr motivierend: sicherlich! Mittlerweile denke ich, ich werde so lange brauchen, wie ich brauche. Ich habe später immer wieder gelesen: Der Aufwand, um beim Schwimmen 5 Minuten schneller zu werden, ist viel zu groß. Also entspanne ich mich, versuche weiterhin Freude beim Schwimmen zu haben und dann passt es.

Schwimmen kostete mich noch im November 2021 auf La Gomera Überwindung. Warum eigentlich? Das Wasser war warm und glasklar. Dort waren kleine Fische unterwegs. Ich hätte jeden Tag schwimmen können, habe es aber nur hin und wieder getan. Danach habe ich mich wieder in die Schwimmhalle gequält und mir wieder und wieder erzählt, es sei zu kalt und dunkel im Winter und so furchtbar ungemütlich schon auf dem Weg zum Schwimmen. Mit dem Mind Set, fiel es mir irgendwann wie Schuppen von den Augen, ist es doch kein Wunder, wenn mir das Schwimmen keinen Spaß macht. Irgendwann habe ich mir vorgenommen, montags direkt nach dem Yoga einfach zum Schwimmen zu gehen ohne über mein Tun nachzudenken oder Ausflüchte zu finden. Und nach einer Weile fing es fast an, mir ein wenig Spaß zu machen. Zufällig gesellte sich auch eine andere Neuschwimmerin dazu, Eine Gleichgesinnte war da und ich nicht mehr alleine auf dem sinkenden Schiff. Tröstlich.

Im Mai 2022, einige Monate nach der Entscheidung für die IRONMAN-Qualifikation, stellte ich plötzlich fest, dass es mich doch reizte, mich zu verbessern. Bis dahin schaffte ich es durchschnittlich einmal die Woche zum Schwimmen zu gehen. Und ich nahm mir für den Sommer vor, wenigstens zweimal ins Freiwasser zu gehen. Um mich zu motivieren, habe ich mir gleich Anfang 2022 neue Badeanzüge gekauft. Sonst gehe ich ja auch nicht mausgraus durch die Gegend. Und nach einem Mädelsworkshop von der SHTU in Malente kaufte ich mir sogar den ultimativen mega-bunten Funkita Badeanzug mit einem Ganesha-Elefanten auf der Brust/Bauch. Ja, damit fühle ich mich jetzt im Wasser auch in meinem Element. Manchmal tragen auch Kleinigkeiten zur Motivation bei.

Beim ersten Ligatriathlon 2022 in der Nähe von Itzehoe war ich noch nicht so recht im Element angekommen. Ich konnte nicht richtig atmen und habe mich ständig verschluckt. Erst nach 500 Metern bin ich langsam ruhiger geworden. Und kurz darauf habe ich ganz zufällig - ich sage immer, es gibt keine Zufälle - Sandra Völker kennengelernt. Für mich war es eine göttliche Fügung. Drei Stunden lang hat Sandra mich im Pönitzer See gecoacht. Von Anfang an war sie mir sehr sympathisch, ohne jegliche Starallüren. Ich erhoffte mir insgeheim eine Änderung meiner Wasserwelt. Zuerst hat sie die Wasserlage erklärt, das Wichtigste beim Schwimmen. Wenn man still auf dem Wasser liege und ein c formt, drehe man sich automatisch. Und sie hat immer wieder betont, dass das Wasser ein anderes Element ist, in dem man sich wohl fühlen muss. Ausdauer könne man nie direkt aufs Schwimmen übertragen. Danach habe ich mich nachts gefragt habe, was sie uns damit eigentlich sagen wollte. Das war die Verarbeitung! Und ja, die Stunden mit ihr haben viel gebracht. Ich fühlte mich kraftvoller im Wasser, weniger als nasser Sack. Und sie hat mir die Panik vor dem Wasser genommen. Sandra, hier nochmal ein großer Dank an dich!

Nachdem ich zwei Monate wegen ständiger Zahnentzündungen nicht ins Wasser durfte, sagte sie mir, ich solle bei der Mitteldistanz in Erkner die Beine kaum bewegen, ruhig bleiben und mir nur vorstellen, dass ich ins Ziel komme und wie ich mich dabei freue, schon eine Disziplin geschafft zu haben. Es hat geklappt. Ich kann jetzt auch schon besser schwimmen. Im Jahr zuvor gingen kaum 200 m am Stück, jetzt kann ich immerhin 1000 Meter durchkraulen. Der Horror hat sich verflüchtigt. Und Sandra sagt immer, dass einmal die Woche regelmäßig zu trainieren für mich ausreiche, da ich nie eine grandiose Schwimmerin werde. Sich nicht überzutrainieren sei wichtig auf dem Weg zur Ironwoman.

Auf Gran Canaria bin ich im November 2022 an manchen Tagen sogar zwei Mal zum Schwimmen ins Wasser gegangen, in den Atlantik und in den Pool, auch weil die Temperatur es zuließ. Meine Freundin Angela hatte noch nicht einmal einen Badeanzug dabei, weil sie gar nicht auf die Idee gekommen ist, einen mitzunehmen. So wäre es mir früher auch ergangen. Jetzt konnte ich ihr einen leihen. Sie war aber nur einmal im Pool damit, um sich abzukühlen. In einer geschützten Bucht in Puerto Rico bin ich sogar 1000 Meter gekrault, ganz entspannt. Am ersten Tag hatte mich das Salzwasser noch extrem gestört, am zweiten hatte ich mich schon dran gewöhnt. Langsam kann ich das Element Wasser wirklich genießen. Das ist eine Veränderung. Es hat eine Entwicklung stattgefunden.

Auch auf La Palma bin ich im März 2023 jeden Tag im Meer schwimmen gegangen und habe mich unter Wasser mit den bunten Fischen, vor denen ich früher Angst gehabt hätte, richtig angefreundet. Selbst einen großen Rochen habe ich mir eher interessiert als ängstlich angesehen. Das Eis ist gebrochen.

Letztendlich bin ich im Winter vor dem IRONMAN Hamburg regelmäßig ein bis zweimal die Woche in der Schwimmhalle gewesen. Mir war klar, dass ich beim Schwimmen niemals einen Blumentopf gewinnen könnte, aber ich wollte auch keinen zu großen Aufwand betreiben. Das Training würde reichen um durchzukommen. Davon war ich überzeugt.

2.4 Radfahren – den Radius erweitern

Fahre so viel oder so wenig, so weit oder nicht so weit, wie du willst. Hauptsache, du fährst.   *Eddy Merckx*

Was für ein schönes Zitat! Heißt es nicht: einfach dranbleiben und regelmäßig fahren? Auch wenn es kein gezieltes Training ist, finde ich es schon förderlich, jeden Tag mit Rad unterwegs zu sein und das Auto stehen zu lassen. Sonst war ich oft faul und habe gerne mal das Auto genommen. Nun fahre ich zumindest konsequent mit dem Rad. Hauptsache, ich fahre. Da mache ich auch umwelttechnisch auf jeden Fall etwas richtig.

Ich war ja mal nur Läuferin. Und habe schon bei langen Läufen gefühlt die Welt erkundet. Aber ist es nicht großartig auf dem Rad noch viel weitere Strecken zurückzulegen, vielleicht bis in andere Bundesländer? Nie gesehene Nebenstraßen durch die Pampa zu entdecken, einsame Häuser fernab der Zivilisation? Der Radius des Bekannten erweitert sich durch die Ausfahrten, selbst oft mit Rennrad befahrene Straßen auf Mallorca werden zur Heimat. Du bist unterwegs – und eins mit der Natur.

Gleich zu Beginn der IRONMAN-Idee habe ich mir ein Bianchi-Rennrad gebraucht gegönnt. Damit konnte ich um Längen besser fahren, als mit meinem alten Jan Ullrich, das mir gefühlt immer zu klein war, auch wenn alle immer gesagt haben, dass ein 50er Rahmen für mich reicht. Beim späteren Nachmessen für mein Gravelbike, das ich in dem Zuge als Alltagsrad brauchte, kam dann auch 53 heraus. Das Bianchi-Rad gefiel mir als verkappte Italienerin. Es ist natürlich Spielerei. Sie gefällt mir aber. Da das „Infinito"-Rad aber oft knackte, als wollte es durchbrechen, hat es mir nie die richtige Sicherheit vermittelt. Und während meiner ersten Olympischen Distanz im Juni 2022 hatte ich einen Hexenschuss. Auf einem Foto davon konnte man sehen, dass ich verkrampft drauf saß. Also bemühte ich mich um ein Bikefitting. Dabei ist mein Gravelbike gleich miteingestellt worden, das ich schon 2021 in weiser Voraussicht gekauft hatte. Meinen Plan hatte ich wohl wirklich schon länger. Einen türkisenen Helm musste ich mir nun auch noch bestellen, passend zum Bianchi.

Auch wenn ich schon lange Strecken gefahren bin, bin ich 2022 doch noch unsicher mit den Klickpedalen gewesen und konnte auch keine kurze Kehren fahren. Ersteres hat sich aber im Laufe des ersten Trainingsjahres seit Mallorca gegeben, stelle ich gerade beim Schreiben fest. Enge Kurven kann ich bis heute nicht fahren. Muss man aber auch nicht können. Dieses Buch wie viele andere wahrscheinlich auch, ist in Entwicklung geschrieben. Einiges, was vor einem Jahr noch wahr war, hat sich im Laufe der Zeit relativiert oder völlig aufgelöst wie meine Angst vor Klickpedalen.

Schnell habe ich schon nach noch besseren Rädern geguckt, wovon ich aber nicht wirklich überzeugt war, ob es wirklich wichtig ist, ein über 2000 €-Rad zu besitzen. Durch zu häufiges Schauen bei Ebay-Kleinanzeigen kam im Sommer 2022 noch ein zweites Bianchi-Rad zu mir. Nach einer Fortbildung am Brodtner Ufer hätte ich es mir auf dem Rückweg nach Hause völlig unverbindlich am Hemmelsdorfer See nur mal anschauen können. Ja, von wegen völlig unverbindlich. Auf dem Weg dahin wusste ich schon, dass ich mir etwas vorgaukelte. Und nach der Probefahrt hatte ich es bereits fest zugesagt und es nie bereut. Wenn es im Café bei Ausfahrten direkt neben mir stand, kamen oft positive Bemerkungen, was das für ein schönes Rad sei. Sogar beim IRONMAN in Erkner, wo gefühlt Millionen Euros an Rädern standen, stach meins anscheinend heraus. Ein Bianchi eben, was Kennern gefällt. Doch, ich mag es auch sehr und war mal entsetzt, wie dreckig es bei einer Regenausfahrt doch geworden ist. Es gefällt mir nun auch, es im Winter im Keller stehen zu haben und mit dem anderen noch auf die Straße zu können.

Um im Winter nicht völlig rauszukommen, hatte ich mir vorgenommen, im neuen Haus im Winter 22/23 eine Rolle haben zu wollen. Im Endeffekt habe ich in einer Nacht –und Nebelaktion die Wahoo-Rolle von einem Trainingskumpel bekommen mit Fernseher und allem möglichen Zubehör, dass ich einen kompletten Raum für die Unternehmung einrichten konnte. Er war übertrainiert und so enttäuscht, dass er seine Ziele nicht erreicht hat, dass er alle seine Radsachen sofort loswerden wollte. Er tat mir leid und ich wollte ihn unbedingt ganz uneigennützig noch umstimmen, aber es war nichts zu machen. Er wollte sich schnell von allem trennen. Einem anderen Freund von mir hat er ein Specialized S-Works für viel zu wenig Geld verkauft. So möchte ich bitte niemals enden. Ich bin unendlich dankbar, dass ich im Gegensatz zu ihm sogar ein Fenster im Trainingskeller habe. Anfangs habe ich mich schwergetan, aber dann doch hin und wieder mal einen Film komplett radelnd geschaut. Ich fahre lieber draußen. Auch im Winter. Und manchmal ist es auch schwierig in Arte-Filme, die meist doch sehr langatmig sind, auf dem Rad überhaupt reinzukommen. Aber ich quäle mich manchmal durch. Die Verbindung mit Zwift oder einem Pendant habe ich bis heute nicht hingekriegt, aber eben auch nicht ernsthaft versucht. So wichtig war es dann wohl nicht.

Mein Gravelbike macht mir den ganzen Winter über Spaß. Es hat nach einem Jahr schon neue Mäntel bekommen, nach 3 Jahren komplett neue Ritzel. Ich fahre wohl sehr viel neben dem Training damit durch die Gegend, was bestimmt auch hilfreich ist.

2.5 Laufen – Bauch, Beine, Kopf

Wenn du laufen willst, lauf eine Meile. Wenn du ein neues Leben kennenlernen willst, dann lauf Marathon.   *Emil Zátopek*
Das Zitat von Zatopek hat mich schon im Jahr 2001 überzeugt, als ich meinen ersten Marathon gelaufen bin. Vorher war ich ein sehr bequemer Mensch und mochte im Urlaub nur am Strand liegen. Nach dem Marathon bin ich sogar in die Berge gegangen und hatte richtig Spaß dabei, was vorher für mich undenkbar gewesen wäre. Heute kann ich nicht mehr lange am Strand liegen, sondern will mich bewegen. Ein wirklich neues Leben also.

Vor einigen Jahren sagte einer unserer Lauftrainer während einer Einheit. Man läuft eben nicht nur mit den Beinen, sondern auch mit dem Bauch. Huch. Ich habe immer gesagt, ich laufe hauptsächlich mit dem Kopf. Hätte der Kopf nicht gewollt, hätte ich nicht all die Ultras laufen können. Also wenn schon nicht Bauch, Beine, Po, dann beim Laufen eben Kopf, Beine, Bauch, also noch in einer anderen Reihenfolge, wobei Bauch, Beine, Kopf natürlich die eingängigere ist. Was???

Schon im ersten Kapitel hatte ich erwähnt, dass ich nach der Lebensänderung schnell Ultraläuferin geworden bin und damit natürlich eine Basis in Bezug auf mentale Härte und Ausdauer habe. Meine eindeutig stärkste Disziplin wollte ich zunächst in den Focus nehmen und dachte, Steak running würde wie eine tägliche Meditationszeremonie gut sein. Durch Zahnentzündung, Impfen und Antibiotika war die Idee nach 14 Tagen bereits wieder zu Ende. Ich kann mich nicht vollkommen aufs Laufen fokussieren und dazu noch auf vieles andere. Das war beim Deutschlandlauf anders. Da musste ich immer nur laufen, 100 km die Woche.

Im März 2022 habe ich es geschafft, 3 Kilometer in 14 Minuten bei einem Bahnwettkampf auf dem Buniamshof in Lübeck zu laufen. Das ist eine Pace von 4:40, was ich schon mal gut fand. Am Tag danach war der 10-km-Reporter-Lauf in Neustadt in Holstein, bei dem die Uhr bei 52:30 stehen blieb. Das sind ca. 5:15 min/km, wobei mir der Lauf vom Vorabend sicherlich noch etwas in den

Beinen steckte, auch wenn es sich nicht so anfühlte. Es war extrem windig und die Strecke sogar hügelig. Am Ende ging es so stark bergauf, dass ich kaum noch vorankam. Da hatte ich zumindest einen Leistungsstand. Ich trainierte dann kurz mit 5 min/km als Referenzzeit, wobei unser Trainer meinte, dass 5:05-5:10 sicherlich richtig seien. Ich sollte hinterher noch in der Lage sein, ewig weitertrainieren zu können. Ja, das gelingt mir gar nicht. Auf der Bahn renne ich immer schneller. Wenn ich dranbleibe, könnte ich den Marathon am Ende nochmal unter 4 Stunden laufen und nach 180 km Rad wahrscheinlich um 4:15, dachte ich kurz danach.

Im April 2022 habe ich kurz vor dem Weinmarathon gedacht, dass mein Jahresziel sein könnte, die 5 km unter 24 min zu laufen und die 10 km unter 50 min. Ja, das sollte drin sein. Das sind schon ganz andere Ziele als im Vorjahr, als ich die 10 km nur wieder unter 60 min laufen wollte. Mein großes Ziel, was noch gefühlt weit über den IRONMAN hinausgeht, ist mit 70 und auch eher 80 Jahren noch an Wettkämpfen teilnehmen zu können. Wie hat mich das Video von einer 100-Jährigen fasziniert, die einen 100-Meter-Lauf absolviert hat. Wie toll ist das denn, nicht nur am Leben zu sein, sondern noch laufen zu können. Ja, ich möchte lieber gesund und fit sterben wie Anjas Vater, der nach dem Skilaufen in der Sauna gestorben ist.

Im Mai 2022 bin ich recht spontan den Sun-Run-Halbmarathon in Grömitz gelaufen. 6 Läufer vom Tri-Sport waren auf dem Treppchen, davon 5 Männer. Einen Kilometer bin ich unter 5 min gelaufen einen Kilometer über 6 min, dazwischen war alles recht konstant um 5:20. Danach ist jegliches gezielte Lauftraining wieder eingeschlafen. Erst im Oktober, nachdem ich mich spontan für den Gran Canaria Marathon im November gemeldet hatte, ging es wieder los. Im Winter sind wir mit dem Tri-Sport gemeinsam am Kanal gelaufen, um eine Grundlage für die Saison 2023 zu legen. Ende 2023 bin ich den Lübeck Marathon ohne gezieltes Training dafür in 4:17 gelaufen. Damit fühlte ich mich gut gerüstet für den IRONMAN Hamburg, für den ich mich kurz danach plötzlich angemeldet habe.

Das Schöne und Wertvolle am Laufen ist, dabei die Gedanken kommen und gehen zu lassen und damit wirklich zu entspannen. Schon früher hatte ich auch mal geniale Einfälle beim Laufen. Das will ich mir auf jeden Fall bewahren und nicht durch zu gezieltes Training kaputt machen lassen.

2.6 Ärzte – müssen manchmal sein

Die besten Ärzte der Welt sind Dr. Diät, Dr. Ruhe und Dr. Fröhlich (Dr. Diet, Dr. Quiet and Dr. Merryman)   *Jonathan Swift*

Da die körperliche Belastung auf dem Weg zu einer Leistung wie beim IRONMAN enorm ist, sollte man auch ärztlich gut begleitet

sein. Das sagt vielleicht jeder, abe- ich bin erst jetzt wirklich davon überzeugt. Ich bin (war) ein totaler Ärztemuffel, das muss ich
vielleicht gleich vorausschicken. Oder stört mich eher etwas am
Gesundheitssystem? Normalerweise ist man nach spätestens 5
Minuten wieder vor der Sprechzimmertür und hat vor lauter Hektik bestimmt Wichtiges vergessen. Die Haltung vieler Menschen
kann ich gar nicht nachvollziehen, dass Ärzte alles mit Medikamenten richten sollen, anstatt selbst Verantwortung für sich zu
übernehmen. Ich hatte Klienten, die jede Woche einen Facharzt
aufgesucht haben, wodurch ihr Leben nicht besser wurde. Mittlerweile weiß man, dass durch gute Ernährung und Bewegung sogar psychiatrische Krankheiten vermieden werden können. Auch
lebenswichtiges Vitamin D wird besser an der frischen Luft pro-
duziert, als in der Bude zu hocken und es die Pharmaindustrie
richten zu lassen. Früher bin ich oft Ärzten mit der vorherrschen-
den Meinung begegnet, dass man sich durchs Laufen die Gelenke
verschleißt. Gott sei Dank hat sich die Haltung im Laufe der letzten 20 Jahre schon etwas gewandelt. Ein Anästhesist aus dem
Laufbekanntenkreis meinte damals schon, dass solche Kollegen
aufgrund ihres Lebensstils eher sterben als ich meinen Gelenken
zu schaden. Tatsächlich ist der stark übergewichtige Arzt, der
mich auf einer Party vor dem Laufen gewarnt hat, schon lange
tot. Ich lebe noch immer – gesund. Und vor 30 Jahren hatte ich
noch einen Haus- und Sportarzt, den ich eigentlich sehr geschätzt

habe, bis er mir sagte, ich solle mal mehr Rotwein trinken, meine Leberwerte seien zu gut. Diese Aussage würde meiner Meinung nach heutzutage jeden Arzt völlig disqualifizieren. Ich denke, man muss den für sich passenden Arzt suchen, zu dem man wirklich Vertrauen hat. Dann macht es Sinn.

Endokrinologe

Mein Endokrinologe war schon in jungen Jahren Professor, ist aber trotzdem in seinem Umgang mit Patienten recht unkonventionell. Auch empathisch. Empathie ist ja eine Gabe, die nicht jedem Arzt gegeben ist, die ich aber für durchaus zielführend in dem Beruf halte. Er war der einzige Arzt, zu dem ich über 20 Jahre alle zwei Jahre einmal regelmäßig gegangen bin, gehen musste, weil meine Schilddrüse zur Hälfte rausgenommen wurde und die Schilddrüsenwerte überprüft werden müssen. Ich gehe auch immer gerne zu ihm, weil er eine angenehme Ruhe ausstrahlt. Und er war meine Ausrede, dass ich ja regelmäßig zum Arzt gehe – wenn auch nur alle 2 Jahre ein Arztbesuch. Trotzdem habe ich nie Hormone genommen. Er beantwortete meine Frage, ob ich vor dem IRONMAN wirklich zum Kardiologen müsse, wie ein versierter Trainer mir versicherte, weil meine Herzfrequenz zu hoch sei, mit einem deutlichen Kopfschütteln. Er meinte, ich kenne meinen Körper doch sehr gut und mache schon so lange viel Sport, dass ich selbst einschätzen könne, wie es mir gehe und mich bestimmt nicht überfordere.

Wenn jemand nie Sport getrieben hat und wie Micha Klotzbier mit 160 kg unbedingt einen Marathon laufen will - es letztendlich auch geschafft hat -, der müsse sich durchchecken lassen. Aber ich kenne meinen Körper besser, als jeder Arzt in 10 Minuten beurteilen könne. Sein Statement fand ich stimmig. Ich weiß auch, dass meine Herzratenvariabilität durch den Sport sehr hoch ist, was gut fürs Herz ist. Dam t habe ich mich als Laie sicher gefühlt und mich immer darauf verlassen, dass schon alles gut sei. Und somit ging ich nicht zum Kardiologen.

Weil er wusste, dass ich keinen Hausarzt hatte, schenkte mir alle 2 Jahre die Igel-Leistung der Vitamin D-Überprüfung. Er wollte mir damit sicherlich Gutes tun. Außer dem Zahnarzt koste ich die Krankenkasse ja auch nichts. Durch die Kanaren-Aufenthalte im Winter bin ich allerdings immer davon ausgegangen, dass die Werte gut sind. Waren sie tatsächlich auch immer.

Zahnärztin

Meine Schwachstelle im Körper sind meine Zähne. Und gerade, als ich mich für das Projekt IRONMAN-WM entschieden hatte, bemerkte ich wieder eine Entzündung an einem Zahn, der schon lange wurzelbehandelt war. Ich musste wieder Antibiotika nehmen und wollte nicht trainieren, sondern dem Körper seine Zeit geben. Schnell nach der ersten Antibiotika-Gabe war die Entzündung wieder da. Da habe ich mich schweren Herzens fürs Ziehen entschieden. Es gab auch gar keine andere Möglichkeit. Auch danach war ich wieder ruhig, also trainingsunlustig, weil die Wunde heilen musste. Ich hatte mir seitdem geschworen, mich um die Zähne präventiv zu kümmern anstatt die Schmerzen immer bis zum Schluss zu ignorieren. Was war das bis dahin eigentlich immer für eine Haltung? Wollte ich immer die Heldin spielen? Nun bin ich ständig in die Zahnarztpraxis geeiert, man lernt ja dazu, um den geschliffenen Zahn versorgen zu lassen, damit der Stützpfeiler für die Brücke nicht auch noch seinen Geist aufgibt. Mit meiner Zahnärztin war ich total zufrieden. Sie arbeitet in einer großen Praxis mit insgesamt 23 Angestellten. Außerdem war sie vorher Dentallaborantin. So ein Werdegang imponiert mir. Dann weiß ich, dass die Ärzte wichtiges, auch soziales Hintergrundwissen haben.

Kurz vor der Abreise zum Weinmarathon im April 2022 wurde mir nach unendlich langer Wartezeit die langersehnte neue Brücke eingesetzt. Das wertete ich als Zeichen, dass die Entzündungsherde behoben sind und alles gut ist. Weit gefehlt. Kurz darauf entzündete sich ein anderer Zahn, mit dem ich schon ewig Ärger hatte. Ich musste wieder Antibiotika nehmen. Es sollte eine Wurzelspitzenresektion gemacht werden. Eigentlich ist das kein größeres Ding, aber drei Jahre zuvor hatte ich dabei eine Horrorerfahrung gemacht. Der Kiefernchirurg merkte, dass ich von dem Eingriff nicht begeistert war und ließ mich wieder gehen. Er meinte, man könne es ja noch weiter versuchen. Letztendlich bin ich ein halbes Jahr mit dem entzündeten Zahn im wahrsten Sinne des Wortes durch die Gegend gelaufen, zuletzt noch beim Marathon auf Gran Canaria.

Der Chef der Zahnarzt-Praxis war gleich not amused über die Absage des ersten OP-Termins und hat bei erneuten Beschwerden auf einem 2 Termin zur Resektion bestanden. Er hatte Recht, und der Chirurg war überrascht, wie großflächig entzündet die gesamte Wurzel war. Das alles zusammen hat mir einen großen Dämpfer gegeben. Ich habe die prophylaktisch verordneten Antibiotika sogar länger genommen, als es vielleicht notwendig gewesen wäre, aber ich wollte jetzt auf Nummer sichergehen. So einen merkwürdigen Geschmack im Mund durch Antibiotika hatte ich auch noch nie. Ich fühlte mich sehr gebeutelt. Das war das erste Mal, dass ich mich nicht mehr unverwundbar gefühlt habe. Sonst ging immer alles irgendwie. Und unangenehme Zahnarztbesuche war ich mein Leben lang gewöhnt. Da war ich ganz hart im Nehmen. Bei einer professionellen Zahnreinigung konnte ich sogar einschlafen. Das erste Mal habe ich gedacht, dass ich dann eben kürzertreten muss, wenn es anders nicht geht und die Quali dann eben nicht erreiche. Ich hatte wohl zu viel Stress durch den Umzug. Im August 2022 wurde der Zahn letztendlich doch gezogen und obwohl ich nicht schwimmen gegangen bin, entzündete die Wunde sich wieder. Im September habe ich meine erste

IRONMAN-Veranstaltung 70.3 trotzdem überstanden. Im Jahr drauf habe ich 2 Implantate bekommen.

Und noch vor Nizza habe ich meinen besten Zahnarzt Ekki wiederentdeckt, bei dem ich Jahrzehnte lang Patientin war und meine Anja, seine Zahnarzthelferin, kennenglernt habe, die meine liebe Freundin geworden ist und mich seitdem mit Bildern versorgt. Ekki selbst ist auch Triathlet und hatte nach der Rente doch keine Lust nur zu Hause zu sitzen bzw. nur zu trainieren. Er hat mir umgehend meinen Wunsch erfüllt: ein goldenes Herz mit einem Rubin auf einem Zahn. Das sollte symbolisch bedeuten: meine Zahnprobleme habe ich jetzt im Griff. Mein anderer Zahnarzt mit der erstklassigen angestellten Zahnärztin, der mir gute Implantate gesetzt hatte, wollte mir den Wunsch nicht erfüllen, weil seine Helferin meinte, das sei nicht mehr modern. Er stimmte der Auffassung zu. Okay! Er muss so einem Schickimicki-Wunsch ja auch nicht nachkommen. Ekki und seine Crew erfüllten mir den Wunsch umgehend.

Orthopäden

Orthopäden habe ich noch nie geschätzt. Früher wollten sie einen bei Problemen immer ruhigstellen. Das war mir immer schon suspekt und ist mittlerweile dem Himmel sei Dank auch veraltet. Es macht aber durchaus Sinn bei orthopädischen Problemen hinzugucken. Dazu bevorzuge ich aber Physiotherapeuten, die sich bemühen und hingucken. Orthopäden fassen einen meist noch nicht einmal an.

Seit Jahren laufe ich schon mit der Verdachtsdiagnose „Morton Neurom" herum. Schon 2017 habe ich beim Nizza-Marathon mal eine Ibuprofen genommen, weil die Schmerzen nicht auszuhalten waren. 2022 beim 70.3 IRONMAN in Erkner hatte ich so starke Schmerzen, dass ich noch nicht einmal mehr schmerzfrei gehen konnte, von laufen während des Wettkampfes ganz zu schweigen. Super Voraussetzungen für die Langdistanz.

Ca. ein Jahr später habe ich mich entgegen meiner Abneigungen aufgerafft, zu einem bekannten Lübecker Fußspezialisten zu gehen. Schließlich wollte ich meinen IRONMAN nicht unter Schmerzen absolvieren. Ich hatte mich extra auf den Termin vorbereitet und wollte ihm zügig meine Probleme schildern. Nach dem zweiten Satz unterbrach er mich, ich solle nicht so viel reden, sondern er müsse sich selbst ein Bild machen. Nach wenigen Sekunden sagte er, ich habe lediglich einen Senkfuß und müsse Einlagen tragen, die ich unten bei ihm im Haus machen lassen sollte. Außerdem solle ich nicht immer irgendwelche billigen Scheißschuhe im Internet bestellen, sondern mal zu Zippel's, dem Laufschuhspezialisten gehen, und mich vernünftig beraten lassen. Ich kaufe meine Schuhe seit 20 Jahren nur bei der Inhaberin von Zippel's.

Sie sagt mir sogar sofort, wenn ich die falschen Schuhe nur angucke, dass ich die nicht bekomme. Dem wahren Vollpfostenarzt habe ich das gar nicht mehr gesagt. Die Worte wären vergeudet gewesen. Er hätte ja zumindest fragen können, ob ich mich beim Schuhkauf beraten lasse, anstatt mir alle seine Vorurteile vor die Füße bzw. an den Kopf zu knallen. Als ich ihn dann wenigstens noch um Physiotherapie bat, druckte er mir 2 Seiten mit Übungen aus der Runner's World aus mit den Worten: „Das können Sie doch selbst!" Er hat nicht nur meine Vorurteile über Orthopäden bestätigt, sondern sich selbst als Arzt völlig ins AUS diskreditiert. Spezialist hin oder her. Den hippokratischen Eid gibt es ja nicht mehr. Da kann er froh sein, sonst hätte ich ihn gerne mal dran erinnert. Er stellt das Wohl des Patienten bestimmt nicht in den Vordergrund. Ihm war seine Machtdemonstration und Selbstherrlichkeit wichtig. Sonst hätte er mir wenigstens Physiotherapie verschrieben. Wenn er schon nicht fähig ist, Physiotherapeuten können meistens helfen. Und er hätte seinen Auftrag zu helfen wenigstens delegieren können. Seine Einlagen waren Mist und haben die Schmerzen nicht im Geringsten gemildert. Vernünftige Einlagen macht eben einzig und allein Tomek Brattke mit seinem bildgebenden Teppich.

An der Fußfront hatte sich also überhaupt nichts zum Besseren entwickelt. Als unsere Yogalehrerin kurz vor dem IRONMAN Hamburg von einem jüngeren Orthopäden so extrem geschwärmt hat, er fasse die Patienten sogar an, dachte ich, doch noch einen allerletzten Versuch zu wagen. Er gab leider umgehend zu, „keine Füße zu können" und versuchte es mit einer Spritze. Das war seine einzige Idee dazu. Manchmal helfe das. Leider hat sie gar nichts, einfach null, nada, bewirkt. Trotzdem konnte er mir noch den Tipp geben, die Cleats weiter nach hinten zu setzen. Bitte. Wenigstens etwas. Er bildet sich fort. Und hat auch wirklich versucht zu helfen. Super.

Hausärztin

Von Frau Köhler, einer Hausärztin, hatte ich über Jahre hinweg nur Gutes gehört. Sie hatte mir unbekannterweise auch schon viele Patienten zur Raucherentwöhnung vermittelt. Da einige Patienten meinten, wir seien ein optimales Team, wuchs in mir immer mehr die Idee, selbst mal eine Hausärztin haben zu wollen.

Trotz Patientenstopp nahm sie mich auf und verschrieb mir beim ersten Termin sofort Physiotherapie, weil ich über den Fuß klagte. Sie nahm sich wirklich Zeit, was mir noch nie begegnet war und checkte mich richtig durch. Auf ihre Einschätzung, ich sei Leistungssportlerin, musste ich ihr erklären, dass der Sport für mich eher Spaß sei bzw. einfach meine Art zu leben. Ich halte mich nicht verbissen an Trainingspläne, sondern fahre Rad, wenn es mir Spaß macht, draußen unterwegs zu sein. Dasselbe gilt fürs Laufen. Ja, zum Schwimmen muss ich mich oft überwinden, aber das gehört ja nun mal beim Triathlon dazu. Und ich denke auch nicht sonderlich leistungsstark zu sein, sondern manchmal einfach Glück zu haben, dass gerade keine Konkurrenz da ist.

Beim zweiten Termin nach dem IRONMAN in Nizza erzählte ich ihr von meinen Erfahrungen mit Orthopäden. Und obwohl ich gar nicht mehr an Heilung des Fußes dachte, wollte sie für eine Diagnose jetzt ein MRT des Fußes. Sie meinte auch, es würde Sinn machen, die Einlagen immer zu tragen und neue Einlagen von Tomek zu besorgen. Obwohl sie Fachärztin für Innere Medizin ist, kümmert sie sich jetzt um meine gesundheitliche Schwachstelle, ohne dass ich sie überhaupt darum gebeten habe. Ich dachte, es sei nicht ihr Gebiet. Aber sie hat begriffen, dass schmerzfreies Laufen für meine Gesundheit wichtig ist. Genau so stelle ich mir gute Ärzte vor. Schön, dass es sie noch gibt. Dafür bin ich doch sehr dankbar. Ich habe jetzt also auch eine Hausärztin und werde versuchen, ihre Empfehlungen noch mehr anzunehmen.

2.7 Ernährung und Alkohol – Disziplin wäre gut

Du bist, was du isst.　　　　*Ludwig Feuerbach*

Ganz spontan fiel mir hier „Ohne Mampf kein Kampf" ein. Vom Inhalt her, wäre es genau das gewesen, was ich dazu denke. Nur eine gute Verpflegung macht leistungsfähig. Aber der Spruch besteht aus 4 Wörtern, alle anderen Untertitel haben nur 3 Wörter. Und was noch viel schlimmer ist: Sie assoziieren sofort Krieg. Solche Sprache will ich nicht fördern. In der Tat schreibt die FAZ dazu, dass es das erste ist, was man bei der Bundeswehr lernt. Der zweite Lernsatz lautet: Ohne Verpflegung keine Bewegung. Das ist schon besser. Natürlich gibt es das Sprichwort schon länger und auch in anderen Sprachen wie auf Englisch: an army marches on its stomach wird schon Friedrich dem Großen bzw. Napoleon zugesprochen. Diese Sprüche sind mir zu martialisch. Meine Leidenschaft soll nicht mit Krieg assoziiert werden: Deshalb gefällt mir Genuss ganz groß als Alliteration viel besser. Auch die Aussage ist ansprechender.

Dieses Zitat des Philosophen Feuerbach ist schon 200 Jahre alt, aber mehr denn je gültig. Darüber müssen wir wohl mit keinem Triathleten diskutieren, dass es ungesund ist, jeden Tag Unmengen von Discounter-Fleisch zu verzehren, noch dazu Schwein? Auch aus Gründen des Tierschutzes und der Umwelt. Also sind Triathleten natürlich meistens keine Schweine. Davon gehe ich erstmal aus. Und für Triathleten geht es um zwei Arten der Ernährung, einmal um die alltägliche, dann aber auch um die im Wettkampf. Beginnen wir mal mit der täglichen Ernährung.

Sportler, nehme ich mal an, haben aufgrund der Beziehung zu ihrem Körper schon grundsätzlich bessere Ernährungsgewohnheiten als andere Menschen. Fertiggerichte z.B. kommen bei mir gar nicht auf den Tisch und sind auch grundsätzlich zu vermeiden. Ebenso sieht es mit Fast Food aus. Andererseits kann es nicht dramatisch sein, wenn ich einmal alle 2 Jahre bei Burger King anhalte. Zucker ist natürlich eindeutig nicht gut. Eine Zeitlang habe ich die Ernährungsdocs im Fernsehen verfolgt und bewundert, wie sie stark Übergewichte davon entwöhnt haben. Zucker hat einen negativen Einfluss auf die Gesundheit. Leider schaffe ich es nicht, davon ganz wegzukommen. Zum Glück esse ich sehr gerne Gemüse und fast kein Fleisch. Ich kaufe jedenfalls keins. Knoblauch kommt bei mir in rauen Mengen auf den Tisch. In Yogabüchern habe ich immer wieder gelesen, dass Zwiebeln, Knoblauch und Kaffee zu vermeiden seien. Aber das will ich nicht. Mittlerweile konnte ich Hafer- und andere Flocken mit Beeren, Leinöl und Quark zum Frühstück etablieren anstatt Brötchen mit Honig. Ich bin dran, auch regelmäßig frisches Obst zu essen, was mir viel schwerer fällt als Gemüse. Zusätzlich nehme ich seit einigen Monaten LA VITA, einen Obst- und Gemüsekonzentrat-Saft, der schon alleine alle wichtigen Vitamine enthält.

Alles in allem ernähre ich mich wohl schon recht vielseitig, ohne mich zu speziell darum zu kümmern. Nur abends ist noch oft viel zu viel Junkfood da wie Eis, Schokolade und Käse. Wahrscheinlich sollte ich noch mehr Gemüse vorgekocht haben, damit das Süße nicht sein muss.

Nun zum zweiten Thema, nämlich der Ernährung auf der Langdistanz: Einen Marathon kriege ich immer noch ohne große Verpflegungsprobleme hin. Da reicht, was unterwegs angeboten wird. Über Läuferinnen, die mit 6 Flaschen um den Bauch loslaufen, habe ich mich schon immer gewundert. Ich denke, das ist nicht notwendig, sondern stört, zusätzlich Gewicht mit sich herumzuschleppen. Aber über die Langdistanz müssen unbedingt genügend Kohlehydrate zugeführt werden. Mit dem Thema sollte man sich auf jeden Fall beschäftigen! Das kann man sich erlesen und muss es im Training ausprobieren, damit sich der Körper an die Nahrung gewöhnen kann.

Übers Trinken haben wir hier noch gar nicht gesprochen: Genügend Flüssigkeitszufuhr während der Langdistanz versteht sich von selbst, um nicht zu dehydrieren, gerade in heißeren Gefilden. Und auch im Alltag sollte man immer auf ausreichend Wasser achten. Das ist nichts Neues. Es gelingt mir leider nur nicht immer gut. Süßgetränke, selbst Säfte, braucht der Mensch überhaupt nicht. Dafür bin ich Gott sei Dank auch nicht empfänglich. Das sind alles überflüssige leere Kalorien. Cola nutze ich nur quasi als Medizin ab Kilometer 25 beim Marathon. In letzter Zeit habe ich mich an Bier 0,0 gewöhnt. Da bilde ich mir ein, dass es gesund ist, obwohl es natürlich auch ein Getränk mit Kalorien ist.

Alkohol

Wer zu viel Korn trinkt, hat am Ende nur noch Stroh im Kopf.

Gerhard Uhlenbruck

Leider trinke ich gerne Rotwein und im Sommer, wenn es richtig schön heiß ist auch mal Rosè- und Weißwein. Bier trinke ich nicht, höchstens mal ein Weizen gemischt mit Kirschsaft, Hochprozentiges sowieso nicht. Aber auf dem Weg zur WM will ich den Alkohol extrem einschränken bzw. habe ich letztendlich vor Hamburg das letzte halbe Jahr nichts mehr getrunken. Das war auf jeden Fall sinnvoll. Alkohol ist ein Nervengift, das sich nur negativ auswirkt, auch wenn es doch vermeintlich Spaß macht und die Zunge löst.

Alkohol ist keine Belohnung oder sonst irgendetwas Positives. Das darf sofort vorausgeschickt werden. Er schädigt den Körper, ist schädlich speziell für Magen, Speiseröhre, Bauchspeicheldrüse und Leber. Der Schlaf wird oberflächlicher, man hat weniger Tiefschlaf. Der Kopf wird in Mitleidenschaft gezogen, Alkohol tötet Gehirnzellen. Und gerade für Sportler können die vielen leeren Kalorien nicht gut sein, natürlich für niemanden. Ohne Alkohol zu leben ist ein deutliches Statement zu Gesundheit und zum Leben an sich.

Früher dachte ich immer, es sei ein Luxus, sich zum Abend einen Wein zu gönnen oder auch zwei. Seriöse Studien haben herausgefunden, dass regelmäßiger Konsum Gift ist. Ich glaube auch nicht mehr an all die Studien, die von der Alkoholindustrie in Auftrag gegeben sind, dass das Gläschen Wein am Abend so gesund sei. Zu jeder Hypothese gibt es doch die richtige Studie.

Als ich das erste Mal gehört habe, dass es viele Menschen gibt, die 1,1,1 (einen Monat im Jahr, eine Woche im Monat und einen Tag die Woche keinen Alkohol) in ihren Lebensstil aufgenommen haben, dachte ich zunächst, das ginge gar nicht. Besonders in England ist der Dry January in. Den Anstoß, es doch auszuprobieren, kam von meinem Schwiegersohn. Auf meine Aussage: „Ich versuche es", hat er deutlich geantwortet: „So funktioniert das nicht". „Wie, so funktioniert das nicht?" „Nein, entweder du ziehst es durch oder eben nicht. Aber, wenn du sagst, du versuchst es, klappt es sowieso nicht." Wie schwer hat mich das beeindruckt! Ein junger Mann, der klar weiß, wie das Leben spielt. Also wollte ich es durchziehen. Es wirkte noch nicht einmal mehr wie eine Herausforderung, denn ich musste es ja einfach nur tun bzw. eben nicht. Meinen Alkoholkonsum habe ich wohl 40 Jahre nie ernsthaft in Frage gestellt. Schon mit siebzehn hatte ich öfter mal 2 Gläser Wein am Abend getrunken. Und habe ich es mir eingebildet oder war es so? Ich bin leider keine Statistikerin. Nach 8 Tagen nahm die Tiefschlafkontinuität, von meiner Smartwatch aufgezeichnet, tatsächlich zu. Aber 85 von 100 als Schlafbewertung, wie mehr oder weniger immer bei mir, war schon besser als bei 86% der Menschen. Freunde von mir konnten es kaum nachvollziehen, dass ich nichts trinken wollte und fragten auch mal nach, ob ich wirklich nichts getrunken hätte. Andere wollten sich tatsächlich erst im Februar wieder mit mir verabreden. So deutliche Ansagen nichts zu trinken, beeindruckten wieder andere, die auch langsam ihren Alkoholkonsum überdachten und mehr Verantwortung für sich selbst übernahmen. Wie viele Bücher gibt es gerade von Menschen, die experimentieren vollkommen trocken zu sein. Es ist fast eine gesunde Bewegung geworden. Auch die Freundin meiner Tochter sagte, es mache für sie keinen Sinn zu trinken. Sie sei extrem, entweder ganz oder gar nicht. Da sie schlechte Erfahrungen mit Alkohol gemacht habe, trinke sie jetzt schon seit 4 Jahren nichts mehr.

Hin oder her, ich dachte, es sei natürlich besser auf dem Weg zur WM nichts zu trinken. Logisch eigentlich, aber manchmal dauert es im Leben, bis einem die Augen aufgehen. Ich hoffte, es gelinge mir zum Ende hin, aber schon im Februar schien es wieder gar nicht möglich. Zu meinem Geburtstag haben wir zum Fischessen im Fangfrisch in Lübeck, einem Tipp, der bestimmt auch in jedem Lübeck-Reiseführer stehen wird, einen Wein aus Malente, aus Schleswig-Holstein (!) in der Speisekarte entdeckt. Der sollte es unbedingt sein. Er duftete nach Pfirsich. Das habe ich immer für Schickimicki-Blödsinn gehalten. Danach ging es mir am nächsten Tag nicht gut. Ein deutliches Zeichen, nicht mehr trinken.

Hin und wieder gab es dann noch Gelegenheiten zu trinken, aber das letzte halbe Jahr vor Hamburg habe ich nichts mehr getrunken. Und das war gut. Im Urlaub auf Lanzarote frage ich mich, wie die Menschen es schaffen, schon morgens so viel zu trinken. Meistens Engländer sitzen dick und unbeweglich am Tisch und trinken schon um 10 Uhr morgens Bier oder Aperol oder sonst was. Und davon gibt es viele. Wie kann man damit überleben? Davor ekele ich mich regelrecht.

Auf Lanzarote habe ich im November 2024 zwei Wochen mit einer jungen Ärztin aus Madrid zusammengelebt. Manchmal haben wir versucht, ein bisschen Konversation zu betreiben. Ich erzählte ihr, dass ich kein Bauchfett mag. So ein Waschbrettbauch wie ihrer gefällt mir. Sie meinte, in meinem Alter sei ein kleines Bäuchlein normal, aber ich sollte eben wenig von dem zu mir nehmen, was mit Bauchfett in Verbindung gebracht wird, nämlich Käse, Fleisch, Backwaren und Alkohol. Das fasst wohl die gesunde Ernährung gut zusammen. Fleisch esse ich kaum, aber viel zu viel Käse. Vielleicht kann ich das noch reduzieren und mich noch achtsamer ernähren so, wie ich es bei ihr gesehen habe. Das wäre auch sonst im Leben gut, unabhängig vom IRONMAN. Und sie bestätigt es auch wieder: Alkohol ist auch für den Bauch nicht gut! Letztendlich für gar nichts.

2.8 Unterstützende Aktivitäten – Körper und Geist
Unser Körper ist unser Garten und unser Wille unser Gärtner.

William Shakespeare

Ohne Krafttraining geht es nicht! Yoga im Studio und Athletiktraining mit Steffi im Winter über Zoom helfen ungemein, den Körper zu kräftigen, zu dehnen und überhaut mal über den Triathlon hinaus zu mobilisieren. Das unterstützt die Leistungsfähigkeit. Entspannungsübungen und Mentaltraining dagegen helfen, das Ziel im Fokus zu behalten und den Widrigkeiten des Lebens, die es immer gibt, zu begegnen.

Wir sind Körper und Geist (Seele natürlich auch, aber damit möchte ich hier niemanden belasten). Dieser Punkt beschäftigt sich also mit der Pflege unseres komplexen Seins. Zuerst wollte ich 4 einzelne Punkte daraus machen, aber das schien mir dann doch übertrieben. Im folgenden letzten Kapitel will ich dagegen nur ganz kurz mein konkretes Leben exemplarisch als ein mögliches Triathletenleben kurz vorstellen. Über die konkrete Triathlon-Athletik hinaus befasse ich mich hier mit Yoga zum körperlichen Ausgleich und weiterer Kräftigung, aber auch mit Methoden, um den Geist auf dem Weg zum Ziel zu beruhigen und in den Dienst der Mission zu stellen.

Mentaltraining halte ich für wichtig, worunter Yoga auch schon fallen kann, mehr aber die darin enthaltene Meditation, das Atmen und Ansätze von Achtsamkeitstraining. Da ich selbst eine

Ausbildung zum Logosynthese Practitioner habe, werde ich am Ende auch dazu noch kurze Worte verlieren.

Athletik

Miss dich nicht an dem, was du erreicht hast, sondern an dem, was du im Stande wärst, zu erreichen. John Wooden

Ab Mitte November bietet der Tri-Sport Lübeck jedes Jahr gezielt Athletik-Training zur Kräftigung der Rumpfmuskulatur per Zoom an. Ich nehme das Angebot seit meiner Entscheidung, mich qualifizieren zu wollen, sehr gerne an. Steffi, die Athletiktrainerin, hat Sportwissenschaften studiert und trainiert sonst die Bundespolizei. Wir sind also in besten Händen und auf neustem Stand. Manche Übungen für Schultern und Arme zielen natürlich auch auf Kraftzuwachs beim Schwimmen ab und andere für die Beine.

Schwitzen im Wohnzimmer fasst meine Athletikübungen über Zoom Donnerstagabends im Winter bestens zusammen. Meist schwitzen ca. 10 Teilnehmerinnen im jeweils eigenen Wohnzimmer oder Trainingsraum. Ohne Stabitraining, wie es auch genannt wird, fehlt eindeutig etwas. Kräftigungsübungen sind wichtig wie auch das Dehnen. Ich wollte es nie wahrhaben bzw. hatte es Jahrzehnte lang gesnobbt. Aber es macht schneller und weniger verletzungsanfällig. Durchs Yoga bin ich schon gut aufgestellt, aber es geht eben noch gezielter. Die Tage danach fühlen sich, manchmal mit leichtem Muskelkater mal hier, mal da, immer gut an. Seit

Jahrzehnten wird gemahnt, dass gezieltes Krafttraining beim Triathlon wichtig sei. Jetzt denke ich, je mehr Krafttraining man macht, desto besser. Darum habe ich mich früher nie gekümmert, aber es macht Sinn. Und natürlich geht man mit einem kräftigen Muskelkorsett grundsätzlich besser durchs Leben. Ein Freund von mir hat einen Radunfall überhaupt nur durch starke Rumpfmuskulatur überlebt, haben ihm die Ärzte in der Reha bescheinigt.

Zwei, drei essentielle Übungen könnte ich natürlich auch im Sommer einbauen. Für mich ist Bauchmuskeltraining extrem wichtig, weil ich immer wieder merke, dass ich dort stark unterbelichtet bin. Aber wie viele Menschen vermeide ich gerne das, was ich gerade bräuchte, weil es schnell zu anstrengend wird. Dumm eigentlich. Wir sollten am besten noch eine zweite Athletikübung über Youtube von Ulrike Syring einbauen, aber da verzichte ich wegen meiner Yogastunden drauf. So viel Zeit kann oder will ich dann auch nicht investieren. Nein, ich bin einfach zu faul, denn so viel Zeit würde mehr Krafttraining nicht in Anspruch nehmen. Vor den offiziellen Lauftrainings vom Verein, sei beim Bahntraining oder den langen Einheiten im Winter, gibt es immer noch Lauf ABC und andere kurze Kräftigungs- und Dehnübungen. Darauf schwören die ambitionierten, jungen Triathleten. Und selbst ich, die sonst Jahrzehnte auf alle Dehnübungen verzichtet hat, gewöhne mir jetzt an sie einzustreuen. Verkürzte Muskeln arbeiten nicht so effektiv. Nur durch gezieltes Dehnen kann man beim Laufen einige Sekunden auf den Kilometer sparen. Im fortgeschrittenen Alter wird man insgesamt schwächer und anfälliger für Verletzungen. Da sollte man sich noch mehr um Krafttraining kümmern auch, um direkt dem Muskelschwund entgegen zu wirken. Schon ab 25 nimmt die Muskelmasse ab, wenn man nichts dagegen tut. Und im Alter schreitet dieser Prozess sogar exponentiell voran, weiß ich. Da bin ich leider immer noch nicht ausreichend dran.

Yoga

लोकाः समस्ताः सुखिनो भवन्तु **- Lokah Samastah Sukhino Bhavantu**

Dieses Sanskrit-Mantra ist neben Om Mane Padme Hum mein Lieblingsmantra, das ich aus der Yogapraxis kenne. Es bedeutet, dass alle Lebewesen überall Freihe t und Glück erfahren mögen.

Seit 2014 schon praktiziere ich regelmäßig ein- bis dreimal die Woche Yoga, im Sommer natürlich weniger als im Winter, wenn weniger Radausfahrten anstehen. Seit 2017, gefühlt eine Ewigkeit, bin ich im Studio Yogapur in Lübeck bei Sabine (gewesen). Das Studio war ein Ort der Begegnung mit mir selbst geworden, wo ich meinen Körper intensiv spürte. Neben Sabine gab es vor Corona dort viele andere Yogalehrer mit unterschiedlichen Stilen wie Mike Erler, der Deutschland weit seine Mission umsetzt, Männern (unter dem Namen Wilde Kerle) Yoga nahe zu bringen oder Sophia Lamp, die ich sehr schätze. Sie hat für ihre Mission „Yogalehrerin" sogar ihren Anwaltsberuf aufgegeben. Ende 2024 musste das Studio wegen eines Wasserschadens schließen. Alles endet, nichts bleibt für die Ewigkeit. Danach habe ich ein neues Studio „Sangha" gefunden, in dem die Yoga-Gemeinschaft großgeschrieben wird und wieder viele verschiedene Lehrerinnen mit unterschiedlichen Stilen unterrichten. Ich liebe diese Abwechslung. Jetzt fließen nämlich Ballett-Elemente mit ein, verstärkt auch Pranayama, Anusara oder Yivamukti. Und der Weg der Yoginis wird stärker betont. Diese Begrifflichkeiten dürfen gerne gegoogelt werden. Ich möchte hier nicht zu sehr ins Detail gehen.

Da mir Yoga aber immer wieder hilft, mich zu erden, möchte ich noch ein bisschen ausschweifen. In der westlichen Welt wird Yoga oft auf Asanas, die verschiedenen Körperhaltungen, reduziert. Asana kommt auch aus dem Sanskrit und bedeutet Sitz. Wir verbessern durchs Yoga nicht nur die Beweglichkeit und die Kraft und schulen das Gleichgewicht, sondern verschaffen damit auch der Seele einen guten Sitz im Körper. Ich praktiziere meistens Vinyasa-Yoga. Das ist ein körperorientierter, zügiger Yogastil, bei dem Atem und Bewegung so miteinander verbunden werden, dass ein Gefühl des *flows* entsteht. Die Übergänge sind fließend und ermöglichen dadurch einen meditativen Bewegungsablauf. Gleichzeitig ist der beliebte Stil eine herausfordernde Art zu praktizieren, die an körperliche Grenzen bringen kann. Während Ashtanga wie viele andere Yogastile aus Indien kommen, wurde Vinyasa Yoga im Westen entwickelt und ist mehr auf westliche

Bedürfnisse zugeschnitten, weil es mit einem geringen Anteil an statischer Meditation und Pranayama auskommt. Der meditative Zustand wird hier weitestgehend über die Asanas in Verbindung mit dem Atem hergestellt. Anstrengung, Mobilisierung und Regeneration sind enthalten. Vinyasa Yoga macht Spiritualität für den modernen Menschen ohne große Theorie erfahrbar, da es sich um einen Mix aus physischem Work-out und seelischem Work-in handelt. Unsere junge Yogalehrerin Laura-Elisa sagt, Yoga sei die Rückkehr zur Akzeptanz. Gegenüber uns selbst und allem anderen.

Deepak Chopra sagte in einer kostenlosen Mediationsreihe im April 2023, dass man über Asana-Positionen hinaus alles als Yoga verstehen könne, was uns hilft, Sinn für Frieden und Bindung in unser Leben zu bringen, egal, ob beim Laufen, Radfahren oder Tanzen, besonders wenn es mit anderen ausgeübt wird. Das Ziel sei, das wahre Ich zu erkennen und Bewusstsein. Der Ansatz gefällt mir.

Vor einer Yogastunde hat Sabine einmal in einem Satz zusammengefasst, was Yoga für sie bedeutet: Letztendlich geht es immer darum, die Bewegung mit dem Atem zu synchronisieren und über Atemlenkung die Energie zu beeinflussen. „Where attention goes energy flows." Die Atmung fließt normalerweise eher unbewusst. Man kann sie aber auch bewusst einsetzen zur Entspannung und um den Körper zur Ruhe zu bringen (oder sich zu energetisieren). Vor einer OP hatte ich einmal meine hohe Herzfrequenz bemerkt und mich sofort auf die Atmung konzentriert. Als der Chirurg in den Raum kam, war ich tiefenentspannt. Es bringt also durchaus etwas, Atemübungen zu machen und dann im Leben nutzen zu können. Sabine sagte noch, dass viele Menschen, die zu Panikattacken neigen, kaum noch eine Bauchatmung haben. Atmung kann bewusst eingesetzt sogar helfen, Schlacken zu entsorgen. Man atmet in Spannungen und erhöht die Dehnung.

Yoga befähigt die Anwenderin, den Körper im Hier und Jetzt zu spüren. Es geht also ums bewusste Spüren. Auch ums richtige Maß von An- und Entspannung wie im Leben generell auch. Manchmal gelingt es mir beim Yoga, mich fast eine Stunde lang sehr präsent im Körper zu spüren. Ich liebe dieses Gefühl, Bewegungen ganz bewusst auszuführen und mit den Gedanken nicht abzuschweifen, sondern den Körper wirklich zu spüren. Das ist Meditation in Motion oder auf gut deutsch in Bewegung. Hin und wieder nehme ich dabei auch Einschränkungen wahr, dass z.B. meine Schulter nicht ganz schmerzfrei und mein Hüftbeuger schlapp sind. Ich kann das Bein nicht ganz langsam aus dem herabschauenden Hund angehoben zwischen den Händen platzieren. Ja, das sind wenige Einschränkungen, die man ohne genaues Spüren vielleicht noch nicht einmal so wahrnehmen würde. Aber genau an den Stellen wird die Kräftigung immer wieder trainiert, die auch beim Laufen so wichtig ist. Vorbeugen und das Dehnen der rückwärtigen Beinmuskulatur scheinen wichtig zu sein, damit sie nicht verkürzt. Auch der Psoas wird beim Yoga oft gedehnt. Das ist der Seelenmuskel, der oft viel Spannung hat und verkürzt, was zu Rückenschmerzen führt. Er ist auch der Speicher von Traumata. Dort ist die Fluchtenergie gespeichert. Das sieht man bei Hunden, wenn sie mit eingezogenem Schwanz flüchten.

Auch wenn es beim Triathlon nicht so wichtig sein soll Verdrehungen zu machen, kann Beweglichkeit nie schaden, finde ich. Im Endeffekt hilft mir das Yoga mehr als das Athletiktraining, das speziell auf Triathleten ausgelegt ist, weil ich es mit mehr Überzeugung betreibe. Einmal hatte ich mir während einer Olympischen Distanz einen Hexenschuss eingefangen und konnte kaum noch aufrecht gehen. 2 Tage später stand ich aber schon wieder auf der Yogamatte und habe zumindest das mitgemacht, was ging. Im Anschluss ging es mir auch schnell wieder besser. Den Körper komplett zur Ruhe zu zwingen, ist sicherlich fast nie zu empfehlen. So weit sind mittlerweile auch die Orthopäden. Im Umkehrschluss kann es aber auch nicht gut sein, durch Bewegung alles zu überdecken. Darin sind Triathleten Meister. Gut ist es, mit Yoga zur Ruhe zu kommen. Das Hineinhorchen in den Körper hilft mir, z.B. nach Wettkämpfen zu spüren, dass ich mir auch einfach mal eine Pause gönnen darf. Denn ich muss gar nichts. Mir soll der Triathlon Spaß machen bzw. soll es sich gut anfühlen und nicht nach Überforderung.

Ich habe viele Yogabücher, praktiziere aber eher anstatt mich theoretisch damit auseinanderzusetzen. Durchs Yoga wird auf jeden Fall die Skelett nahe wie die gesamte Rumpfmuskulatur stabilisiert. Ohne Zweifel ist ein durch Yoga stabiler, durchtrainierter Körper für alle 3 Disziplinen grundsätzlich besser. Darüber hinaus hilft Yoga mentale Stärke zu entwickeln und unterstützt andererseits die Entspannung. Das ist enorm wichtig, um den Druck des Ziels zu minimieren, im Moment zu bleiben und stets präsent zu haben, dass Triathlon für Hobbyathleten lediglich eine wunderschöne Nebensache ist.

Meditation

Frieden beginnt damit, dass sich jeder von uns jeden Tag um seinen Körper und seinen Geist kümmert.　　　**Tich Nhat-Than**

2015 bin ich durch einen Aufenthalt in der indischen Region Ladakh erstmals mit dem Buddhismus wie auch der Meditation in Berührung gekommen. Ich bin nicht gläubig im herkömmlichen Sinne, glaube aber an mehr als das wissenschaftlich Erklärbare. Die buddhistische Philosophie gefällt mir seitdem sehr und passt hervorragend zu Nachhaltigkeit, Tierschutz, Mitgefühl und vielem mehr. Das Büchlein „Ethik ist wichtiger als Religion" vom Dalai-Lama hat mich dazu sehr inspiriert.

Übers Yoga habe ich natürlich auch Erfahrungen mit der Meditation am Anfang einer jeden Stunde gemacht, wobei sie mich ganz früher sogar eher nervös gemacht hat, weil ich dachte, es ginge wertvolle Zeit fürs Yoga dabei verloren. Weit gefehlt. Heute weiß ich es besser und würde auch mal eine gesamte Yogastunde meditieren, wenn es sich ergäbe. Meditation ist eine östliche Praxis, hat aber seit langem Eingang in die westliche Welt gefunden. Die zahlreichen positiven Auswirkungen wie weniger negative Gedanken, weniger im Kreis grübeln, dem Stress begegnen zu können, besser schlafen, ein besseres Immunsystem, niedriger Blutdruck, verringerte Schmerzen und weniger Rückfälle bei Depressionen sind mittlerweile sogar wissenschaftlich belegt. Wenn das nichts ist!

Und wer hat bei so einem Ziel wie dem, sich für die IRONMAN-WM zu qualifizieren nicht auch immer mal wieder negative Gedanken, die absolut nicht zielführend sind: Das schaffst du doch nie! Was soll denn das? Das überlass mal lieber denen, die es können. Die Liste könnte ich noch ewig fortführen. Aber sie bringt absolut nichts. Im Gegenteil, sie verunsichert und lässt das Ziel aus dem Fokus verschwinden. Meditation hilft, solche Gedanken als nicht zielführend zu identifizieren und eher schon die Freude beim Ziel-Einlauf zu sehen.

Und mir war gar nicht klar, wie viele Sportler mittlerweile schon mit Meditation arbeiten. Das Buch *Warum Meditation heilt* (s. u.

Literatur) widmet dem sogar ein eigenes Kapitel: Meditation und sportliche Leistung. Meditation bedeutet für mich: sich durch das Spüren der Verbindung des Körpers mit dem Untergrund zu erden und durch bewusste Atmung noch mehr im Hier und Jetzt anzukommen bzw. immer wieder darauf hinzuarbeiten. Wenn der Geist mit bewusstem Spüren und Konzentration auf die Atmung beschäftigt ist, können unnötige Plappereien im Kopf abgestellt werden. Durch den *Monkey Mind* und schlimmer noch unnötige Grübeleien gehen wertvolle Energien verloren. Mittlerweile kann ich sagen, dass ich selbst überhaupt nicht grübele. Aber vielleicht habe ich das auch noch nie exzessiv betrieben.

Wie oft habe ich schon gehört: Ich kann nicht meditieren. Der Ansatz hinkt ein wenig. Es geht nie darum meditieren zu können oder die Versuche überhaupt zu bewerten, sondern einfach nur ums Üben an sich. Mal geht es besser, mal schlechter. Irgendwo hatte ich mal gelesen, es sei sinnvoll, sich einen Timer zu stellen und die Zeit dann einfach auszuharren. Leider schaffe ich es nicht jeden Tag zu meditieren bzw. reicht es mir mittlerweile während meiner Yogapraxis. Ich lege meinen Fokus mehr auf andere Dinge wie aufs tägliche Schreiben.

Durchs Yoga habe ich erst immer nur angeleitet mit dem Meditieren begonnen. Später kamen CDs von Jack Kornfield dazu. Kornfield ist klinischer Psychologe und einer der bedeutendsten

Das Golden Girls Liga Team erschöpft im Ziel in Schenefeld

Alegra Brattke, großartige Schwimmtrainerin beim Tri-Sport, hat mir als Helferin beim Ironman Hamburg die Medaille umgehängt.

Mit meiner Lieblingskollegin Eryka, die mich durchs Sauerland gescheucht hat, beim Triathlon in Bornhöved.

Vor der obligatori-
schen Teilnehmerin-
nen-Tafel in Nizza.

Ich war so aufgeregt.
Aber es hat noch ge-
reicht, davon ein
Foto zu machen.

Beim Zieleinlauf in Nizza, wo ich zu erschöpft war, um zu tanzen.

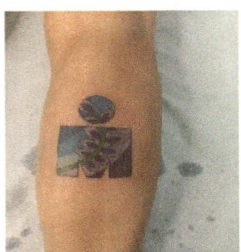

Im Oktober 2024 habe
ich mir stellvertretend
für die gesamte Vorbe-
reitung und Nizza ein
Tattoo stechen lassen.

Lehrer des Theravada-Buddhismus im Westen. Er hat die östlichen spirituellen Lehren in eine verständliche Form für westliche Menschen übersetzt. Unmittelbar im Anschluss an meine Indienreise ins buddhistische Ladakh hat mich auch der Berliner Notarzt Dr. Wilfried Reuter mit seinen Metta-Meditationen angesprochen, in denen es um die Schulung von Mitgefühl und Güte geht. Viele seiner Meditationen sind bei Youtube zu finden. Er hat mich überzeugt, weil er mitten im Leben steht, Abgehobenes liegt ihm völlig fern (www.lotos-vihara.de).

Auch die kostenlosen 21 Tage Challenges im Netz mit Deepak Chopra (www.deepakchoprameditation.de) sind für viele sicherlich gut, gerade zu Beginn. Irgendwann hat meine Faszination dafür nachgelassen. Sie werden auch direkt aus dem Englischen übersetzt, was ich als zu langatmig empfinde. Ich setze mich jetzt lieber alleine hin, mittlerweile allerdings auch extrem selten, und habe ein Date nur mit mir selbst fernab der geschäftigen Welt. Ich liebe die Ruhe und denke dabei weder übers Morgen und noch weniger übers Gestern nach. Im Alltag plane und strukturiere ich schon genug.

Achtsamkeit und bewusstes Atmen gehören für mich mit Mediation zusammen. Achtsamkeit bedeutet, im gegenwärtigen Moment zu sein und dir bewusst zu sein, wo du bist und was du tust und nicht zu urteilen. Die Essenz der Achtsamkeit ist für mich das Bewusstsein für den Atem. Durch einen Zugang zur Meditation und Achtsamkeit nimmt das Hadern mit der Welt ab. Gleichzeitig wird die Fokussierung auf Individualität und die eigenen Ziele unterstützt. Ohne Frage hilft das beim Verfolgen eines großen Ziels oder einer Mission sehr.

Logosynthese®

Alles ist Energie, und dazu ist nicht mehr zu sagen. Wenn du dich einschwingst in die Frequenz der Wirklichkeit, die du anstrebst, dann kannst du nicht verhindern, dass sich diese manifestiert. *Albert Einstein*

Immer wenn ich über Logosynthese sprechen will, werde ich sofort gefragt, was das sei. Deshalb schicke ich hier eine offizielle Erklärung, etwas gekürzt, von der Internet-Seite des Logosynthese-Instituts in der Schweiz vorweg, wo ich viele Logosynthese Seminare absolviert habe: „Logosynthese ist ein neues, umfassendes System zur persönlichen Entwicklung. Es wird eingesetzt in Psychotherapie, Coaching – und als Hilfe zur Selbsthilfe. Das Modell unterstützt Menschen im Finden ihres zutiefst persönlichen Lebensweges. Die Logosynthese beruht auf einer Integration von Konzepten vieler Veränderungsschulen: Psychoanalyse, NLP, Hypnotherapie, Transaktionsanalyse und Energiepsychologie. Fachleute verschiedener Richtungen erkennen deshalb Grundsätze ihrer eigenen Schule in der Logosynthese. Die Kombination der Wirkungsprinzipien ist jedoch überraschend und einzigartig. Die Logosynthese ist in ein zusammenhängendes, umfassendes Menschenbild eingebettet: Menschen sind mehr als Körper und Psyche. Eine Seele, ein höheres Selbst, eine Essenz ist ein Teil der menschlichen Erfahrung. Diese Essenz verleiht unserem Leben einen Sinn. Körper und Psyche sind Werkzeuge, um unser Leben zu gestalten. Viele neigen dazu, sich mit diesen Instrumenten zu identifizieren. Sie glauben, sie sind ihre Emotionen, ihr Leiden, ihre Gedanken, ihre Bedürfnisse. Unangenehme Erfahrungen, belastende Erinnerungen, einschränkende Überzeugungen und die dazu gehörenden Reaktionen werden in unserem Energiefeld gespeichert. Ähnliche Ereignisse und Begegnungen reaktivieren diese einschränkenden Muster. Durch das laute Aussprechen spezifischer Sätze werden diese Energiestrukturen aufgelöst. Diese Sätze haben eine ordnende und befreiende Wirkung. Der Klient fühlt sich augenblicklich erleichtert, die belastenden Bilder und Reaktionen sind energetisch entkräftet. Die Energie ist im Fluss und am richtigen Ort. Logosynthese hilft, die eigene Verbindung mit der Essenz wiederherzustellen und damit einen tieferen Sinn im Leben zu finden." (s. Literaturverzeichnis) Dieses Zitat war jetzt sehr lang, aber obwohl ich schon zwei Artikel über Logosynthese in Zeitschriften veröffentlicht habe, könnte ich es natürlich nicht treffender formulieren.

Bereits 2017 habe ich den Practitioner in Logosynthese gemacht und seitdem mit Klienten und an mir selbst damit gearbeitet.

Meiner ehemaligen Schweizer Mentorin zur Master Practitionerin in Logosynthese, die auch Gestalttherapeuten ausbildet, habe ich in einer Stunde erläutert, nach einer Qualifikation zum IRONMAN nach Hawaii zu wollen. Ich dachte, ihr etwas vollkommen Schräges zu verraten, und hoffte, sie würde mich bremsen, weil es doch zu überzogen und verrückt sei. Nein, natürlich nicht. Erstmal funktioniert Therapie so sowieso nicht und dann haben wir herausgefunden, dass ich den Traum selbstverständlich in Angriff nehme, wie ich hier auch schon völlig überzeugend rübergebracht habe. Wahrscheinlich habe ich mir in den ersten 2 Kapiteln mehr oder weniger schriftlich die Legitimation erarbeitet, dass ich es durchaus wagen darf, nach Hawaii zu wollen. Logosynthese steht mit meinen Worten gesagt, für die Auseinandersetzung mit der Mission. Es geht ums Explorieren, wofür wir hier auf der Welt sind - immer wieder jeden Tag, auch im Kleinen. Ich bin anscheinend auch für den Sport hier, sonst wäre er nicht seit 2000 so fest immer wieder in meinem Leben verankert.

Logosynthese hilft, mit den täglichen Unwegbarkeiten und Rückschlägen umzugehen und vor allem zur Bereinigung hinderlicher Glaubenssätze, die unserer Mission im Wege stehen wie: Im Winter kann ich nur im Hellen laufen... es ist zu kalt zum Radfahren... oder zu spät... oder zu ungemütlich... Ich kann nicht schwimmen... Auf dem Rad bin ich zu langsam.... Ich kann ja gar nicht mehr schnell laufen... Eine Quali für Hawaii wäre ja toll, aber für mich sowieso unerreichbar… Andere denken, ich bin verrückt, so eine Idee umsetzen zu wollen… oder zu ehrgeizig… oder eine Angeberin. … Die Liste solch negativer Glaubenssätze ließe sich noch unendlich fortführen. Ich habe eine Menge davon aufgelöst, bis ich letztendlich überhaupt nicht mehr daran gezweifelt habe.

Logosynthese bedeutet für mich noch mehr als Yoga und Meditation eine Verbindung zur spirituellen Welt. Ich habe nämlich immer behauptet, Wissenschaftlerin zu sein und keinen Bezug zur Spiritualität zu haben, bis ich mich selbst in einem Artikel zu Logosynthese und Spiritualität intensiver mit dem Thema auseinandergesetzt habe. http://yoga-style-magazin.de/logosynthese-yoga-und-spiritualitaet-alles-ist-verbunden/ Wieder einmal im Urlaub, diesmal auf Fuerteventura, habe ich mir: s o u l   m i n d   b o d y auf den Fuß tätowieren lassen. Normalerweise hängt in Yogastudios oft die message body mind soul als Botschaft an der Wand, dass es dieses Dreigestirn gibt vom Niedrigen zum Höheren. Durch meine Beschäftigung mit Logosynthese bedeutet mein Tattoo etwas abgewandelt: Beschäftige dich mit deiner Seele. Sie klärt deine Mission. Das Mindset gibt dann die klare Richtung vor und der Körper setzt sie um. Anfang 2023 habe ich den Logosynthese-Master allerdings letztendlich meinem IRONMAN-Vorhaben geopfert. Ich tanze sowieso schon auf zu vielen Hochzeiten und kann mich nicht vollkommen zerfasern. Meine Mentorin hörte auf, da konnte ich auch direkt abbrechen. Ob ich den Weg zum Master wieder aufnehme, um mich intensiv mit Logosynthese weiterzuentwickeln, kann ich jetzt noch nicht sagen. Meistens enden einmal abgebrochene Wege bei mir erfahrungsgemäß vollständig, aber ich werde andere Menschen natürlich sehr gerne weiterhin mit Logosynthese begleiten.

2.9 Sein – Mehr als Triathlon

Es gibt Wichtigeres im Leben, als beständig dessen Geschwindigkeit zu erhöhen.   *Mahatma Gandhi*

Natürlich besteht das Leben aus mehr als Triathlon. Das sollte man sich immer vor Augen führen. Und ich denke, es kann nicht gut sein, den sportlichen Zielen alles unterzuordnen, wie man es doch bei vielen beobachten kann. Dann wird es auf Dauer zu einseitig überfrachtet und fast schon traurig. Der Rest des Lebens sollte noch rund und ausgewogen und einem vor allem die eigenen Werte bekannt sein. Neben dem Ziel „Langdistanz+" gibt es bei mir noch sehr viel anderes Leben, das sich hauptsächlich durch Verbindungen zu anderen Menschen auszeichnet. Eine Leidenschaft, die ich täglich für meine Psychohygiene nutze, ist das Schreiben. Seit Jahren schreibe ich Morgenseiten, eine wunderbare Morgenroutine, die hilft, unbewusste Verarbeitungen aus der Nacht ins Bewusstsein zu holen. Meine ganz große Freude sind meine mittlerweile 4 Enkel. Um ihnen näher zu sein, bin ich direkt neben drei von ihnen gezogen, 50 Meter Luftlinie. Manchmal ging die zusammen verbrachte Zeit schon mal auf Kosten des

Trainings vor Hamburg, aber das ist meine freie Wahl, das entspricht meinen Werten. Meine Oma Emma war für mich immer die wichtigste Bezugsperson. Gerne will ich meinen Enkelinnen auch eine gewisse Kontinuität anbieten und für sie da sein.

Neben meinem Garten, einem weiteren großen Hobby von mir, in dem ich immer mehr versuche, Obst und Gemüse anzubauen, züchte ich Pflanzen aus Südeuropa, die ich von dort einfach immer mitnehme. Sie wachsen gefühlt recht schnell und wollen ständig neue Töpfe und weiteres Gutzureden. Dann liebe ich Italien, wo ich gelebt und auch danach viel Zeit verbracht habe und besonders auch das italienische Kino. Einmal im Jahr gibt es in Deutschland ein italienisches Filmfestival, das ich immer vollständig sehen muss, manchmal dann sogar 2 Filme pro Tag. Und besonders liebe ich das Meer, wenn nicht das Mittelmeer, dann den Atlantik und ein bisschen auch die Ostsee. Ja, grundsätzlich fühle ich mich am Wasser zu Hause, es kann auch ein See sein oder zur Not auch ein Fluss. Bergmenschen sind anders. Ich bin nicht nur vom Sternzeichen Wassermann, was ein Luftzeichen ist, sondern im echten Leben Wasserfrau. Was früher auf das Angucken und In-der-Nähe-sein beschränkt war, hat sich entwickelt hin zum Auch-drin-schwimmen. Kaum war die Idee zum IRONMAN geboren, habe ich Anfang Februar 2022 zufällig ein Haus gesehen, das ich auf der Stelle entschieden habe zu kaufen. Es liegt Luftlinie 50

Meter von dem Haus meiner Tochter, wo wir früher alle zusammengewohnt haben. Bis zum Alter von 3 Jahren war ich dort in der Nähe zu Hause. Gefühlt ist das meine Heimat, zu der ich im Alter zurückkehren wollte. Und das Haus hat einen großen Garten mit einer kleinen Einliegerwohnung. Am Tag darauf kamen die ersten Interessenten, mein altes Haus anzugucken. Die Ereignisse überschlugen sich. Dazu kamen mehr Klienten, die meine Hilfe in Anspruch nehmen wollten. Das hat mich im Trainingseifer gebremst und mir den Fokus genommen. Aber bis zum Schluss hatte ich auch gar nicht begriffen, dass man erst 9 Monate vorher mit gezieltem Training beginnen muss. Plötzlich standen der Energiepass, Bodenrichtwert, Grundrisse, Katasteramt und vieles andere mehr im Zentrum der Aufmerksamkeit und das Bangen, die richtige Entscheidung zu treffen. Was für Luxusprobleme, sich mit dem Kaufen und Verkaufen von Immobilien beschäftigen zu können. Für mich ist so eine Entscheidung aber nicht alltäglich und hat mir extrem viel Kraft und Energie geraubt. Aber es war gut, das Ziel nicht völlig aus den Augen zu verlieren. Ich musste mich erst aufbauen, rantasten, dranbleiben.

Bei allen Triathleten, die ich kenne, gehört auch Arbeit zum Leben dazu. Bei Lebenskünstlern reichen die Finanzen für unseren teuren Sport nicht aus. Was kostet alleine ein Rad, das gefällt? Bestimmt schon so viel, wie ich mal für Autos ausgegeben habe. Ich habe das wirklich große Glück eines recht flexiblen Arbeitsumfeldes, wo ich nicht jeden Tag von 7 bis 17 Uhr dieselben Routinen habe. Ich habe in einem Angestelltenverhältnis mit 19 Stunden großartige Kolleginnen und mit weiteren überaus netten Menschen zu tun. Daneben arbeite ich mit einigen wenigen Klienten in der Eingliederungshilfe. Als Heilpraktikerin für Psychotherapie, einer weiteren sporadischen Tätigkeit, hatte ich auch schon Sportler gecoacht. Jetzt kommen hauptsächlich Raucher, die mithilfe von Hypnose von ihrer Sucht entwöhnt werden wollen. Die Raucherentwöhnungshypnose war früher nicht mein gerade Faible. Aber der Erfolg dabei spricht sich rum. Und da ich weder Zeit noch Lust habe, mich um Kundenakquise zu kümmern, mache ich das, was gerade mal sporadisch nachgefragt wird. Früher habe ich viel als Italienischdolmetscherin mit der Kripo gearbeitet, jetzt lehne ich die sowieso schon seltenen Aufträge manchmal ab. Mein Italienisch, das vorher Familiensprache war, verblasst langsam. Und beim Landgericht, wo dann schon die teuren Dolmetscher von Verteidigern aus München sitzen, möchte ich gar nicht mehr zusätzlich in den Ring steigen. Meine gesamten Arbeitsfelder sind vielseitig, machen Spaß und vor allem: Es wird nie langweilig. Dafür bin ich sehr dankbar! Ich bin mir bewusst, das hat lange nicht jeder. Vor allem, wenn aufgrund der Vielseitigkeit noch nicht einmal das Gefühl von Arbeit aufkommt, sondern ein Hobby das nächste jagt.

Grundsätzlich gehört zur Arbeit auch der Erholungsurlaub. Sommer und Sonne unbedingt, aber über das Wort Erholung könnte man auch streiten. Wenn keine Arbeitstermine anstehen, ist das doch schon Urlaub genug. Und das Radeln auf Mallorca, Fuerteventura, La Palma, Gran Canaria, Teneriffa und Lanzarote vor allem, La Gomera lieber nicht - zu krasse Höhenmeter -, kann man doch als puren Genuss und Erholung empfinden, wenn Bewegung zum Leben einfach dazu gehört. Gibt es einen Triathleten, der das anders sieht? Ich denke, nicht. Andere würden das nicht als Erholung sehen, sondern vielleicht schon am Morgen eher einen Cocktail. Wie viele Menschen trinken auf den Kanaren zum Frühstück schon ein Bier? Das hört sich wahrscheinlich hart an, aber wenn 150-kg-Menschen direkt aus dem Bett in die Frühstücksbar gehen und ein Bier trinken, finde ich das überhaupt nicht schön zu beobachten.

Schon vor der Entscheidung, das Langzeitprojekt IRONMAN-WM anzugehen, war ein Flug im Februar 2022 nur für eine Woche nach Fuerteventura alleine geplant, weil der Flug nur 80 € hin und zurück gekostet hat. Dafür kann man sich ja kaum innerhalb von Deutschland bewegen. An dem ganz besonderen Datum 22.02.2022 ging es ab Berlin los. Ein Rennrad konnte ich noch am selben Tag mieten. Komplett ohne jegliches Radtraining im Vorwege habe ich 380 km in den ersten vier Tagen abgewickelt, war danach aber sehr erschöpft. Kein Wunder. Erholungsurlaub war das bestimmt ebenso wenig wie gezieltes Training. Die Steigungen, die Hitze und mich ewig verfahren zu haben, haben mich zusätzlich zermürbt. Für ein paar Stunden konnte ich mich einer deutschen Gruppe anschließen. Das hat mich kurz beflügelt. Da war auch eine Frau mit meinem Ziel dabei. Sie meinte, sie startet so lange, bis eben keine Konkurrenz mehr da ist. Also bin ich nicht die Einzige mit dieser Idee. Danach konnte ich loslassen und das Rad, sowieso mit Platten, wieder abgeben. So blieb mehr Muße zum Schreiben.

Im März 2023 war ich mit meiner Freundin Silke mal wieder auf einer Kanareninsel, diesmal auf La Palma, wo ich schon seit Jahren hinwollte. Ich stellte mir diese Insel als die schönste vor und ja, das sollte sich bewahrheiten. Natürlich wollte ich viel Radfahren, aber gleich am ersten Tag abends noch, sagte der Radverleiher, die Insel sei schwierig zu fahren ohne E-Bike. Das kam für mich nicht in Frage. So überließ er mir ein Rennrad der Marke KONA. War das nicht wieder ein Zeichen? Ich ließ mich durch seine Warnungen mal wieder bremsen, bin aber letztendlich so viel gefahren, dass meine blöde Uhr Huawei-Sportuhr mir immer wieder sagte, ich solle Pause machen. Dabei bin ich nur wenige Stunden am Tag bergauf gefahren. Das hätte ich noch ausweiten können, aber alleine macht das weniger Spaß. Silke hatte das Bedürfnis nach Ruhe und gemeinsam haben wir dann noch andere schöne Dinge unternommen wie einen kleinen Tauchlehrgang und eine Vulkanroutenwanderung über 19 km in der Höhe. Das Tauchen hat mir beim Schwimmen wieder ein Stück weitergeholfen. Das war nicht der Plan, aber danach hatte ich keinerlei Ängste mehr vor „freischwimmenden" Fischen.

Ende 2023 war ich mit Christian wieder auf Lanzarote, was auch extrem Kräfte raubend war mit langen Radeinheiten und einem Marathon am Ende. Im Nachhinein waren das mehr Trainingslager als Urlaub. Und ob das förderlich für den Trainingszustand war, kann ich abschließend nicht wirklich beurteilen, aber ich denke im Endeffekt schon, da ich es ja gut weggesteckt habe und es vor allem viel Spaß gemacht hat und vielleicht auch den ein oder anderen Lerneffekt hatte. Und wie sagt man so schön? Umwege erhöhen die Ortskenntnis.

Das Fazit:

„Du hast eine Aufgabe zu erfüllen. Du magst tun, was du willst, magst hunderte von Plänen verwirklichen, magst ohne Unterbrechung tätig sein – wenn du aber diese eine Aufgabe nicht erfüllst, wird alle deine Energie vergeudet sein.

Rumi

3. MEILENSTEINE – AUSGEWÄHLTE VERANSTALTUNGEN UNTERWEGS

Entspanne dich in dein Leben hinein, sei dein Original. Liebe dich für das, was du bist, sage deine Meinung, sei stark, mutig, liebe dich und lebe das Leben, das du möchtest. Du hast keine Vorstellung davon, wie du anderen Menschen damit als Vorbild dienst.

Sophia Lamp

Ohne Zwischenziele geht es nicht. Meilensteine gehören zu jedem Projekt zwangsläufig dazu. Das zuletzt angestrebte Ziel kann sonst auch in zu weite Ferne rutschen und nicht mehr greifbar sein. Wähl dir Veranstaltungen aus, die du sowieso schon immer machen wolltest und gönn sie dir auf dem Weg. Oder lass dich einfach von anderen inspirieren etwas mitzumachen.

Wettkämpfe dienen bei mir dazu, die Wartezeit auf das große Event in Zwischenschritte zu unterteilen, auch zur Formüberprüfung oder, weil ich schon immer mal Lust auf die Veranstaltung hatte wie z.B. auf den Weinmarathon in Bad Dürckheim. So sollte der Weinmarathon als Wettkampf-Einstieg nach der Coronapause Anfang April 2022 dienen und als offizieller Auftakt in die Mission Hawaii sowie als Bestätigung, dass ich noch Marathon laufen kann. Ich war schon länger gemeldet mit dem Plan, mir mal wieder schöne Läufe nach Corona zu gönnen. Die langen Vorbereitungsläufe haben aber mal wieder nicht so geklappt, wie ich es mir vorgestellt habe. Sie wurden oft vom Tri-Sport abgesagt. Genau, irgendeine Entschuldigung für mangelndes Training gibt es ist ja immer. Aber trotzdem fuhren mein Freund und ich frohen Mutes hin. Ich freute mich in erster Linie auf eine schöne unbekannte Landschaft in einer wärmeren Region, auf einen Frühlingsmarathon eben. Am Morgen zuvor traute ich meinen Augen beim Blick aus dem Fenster jedoch nicht. Es hatte geschneit. Und da ich Winterreifen hatte, schafften wir es sogar von der Unterkunft zunächst bergauf, wo andere scheiterten, die Startnummern abzuholen.

Bis zum Halbmarathon bin ich beim Weinmarathon gefühlt bergab gerast. Fünf Minuten auf den Kilometer zeigte meine Uhr länger an. Ich wusste, dass das keine zielführende Renntaktik war, aber ich hatte Spaß dran und wollte mir die Freude nicht durch Vernunft nehmen lassen. Ab Kilometer 30 schmerzten die Oberschenkel, oh Wunder, von Schritt zu Schritt mehr. Im Ziel wollte ich dann endlich den ersehnten Schluck Wein beim Weinmarathon trinken. Auf der Strecke hatte ich nicht einen Gedanken daran verschwendet, aber auch im Ziel ging es nicht. Meine Kehle brannte wie Feuer bei der Berührung mit Wein.

Mit stolz geschwellter Brust bin ich im Auto mit Medaille um den Hals und einigen Mitfahrern selbst über 600 km zurückgefahren. Bei Zwischenstopps hatte ich Schwierigkeiten mich aus dem Auto zu schälen. Viel Aufregendes gibt es im Nachhinein zum Marathon nicht zu sagen. Vielleicht hatte ich heimlich von einer neuen Performance geträumt und nicht von 4:30h. Aber woher? Nur weil ich ein bisschen Tempotraining im Winter gemacht hatte? Wie viele Jahre weiß ich eigentlich schon, dass die langen Läufe entscheidend sind und, es auf der ersten Hälfte nicht zu übertreiben.

Kurz danach sollten wir drei Kilometer als Formüberprüfung laufen, um verlässliche Werte fürs Training zu haben. Immerhin habe ich das mit einem 4:40er Schnitt geschafft. Beim Halbmarathon in Grömitz (sunrun.de) kurz darauf hatte ich mich sogar platziert, was mich sehr gefreut hat. Das hatte ich ja schon lange nicht mehr. Ja, ich war bin auch schon länger nicht bei so kleinen Läufen in der Region gewesen. Es war ein rundherum gelungener, sonniger Tag an der Ostsee.

Erst gegen Ende 2022 begriff ich, dass ich überhaupt mit so einem langfristigen Ziel leben muss und mich nicht verrückt machen darf! Und am 28.3.2023 habe ich den Mut besessen, mich von der Challenge in Roth wieder abzumelden. Morgens kam der Reminder aus Roth, dass es nur bis zum 31.3. noch möglich sei, sich abzumelden. Am frühen Nachmittag war es schon geschehen. Und es war natürlich nur technisch einfach. Als es vollbracht war, liefen die Tränen. Vorher musste ich mich bei Freunden und unserem Trainer rückversichern, dass ich wohl die richtige Entscheidung treffe. Ich war nämlich schon wieder krankgeschrieben und saß an dem Tag wie schon seit diversen mit höllischen Ohrenschmerzen zu Hause. Vollkommen zermürbt und am Ende. Eine Ära war zu Ende gegangen, die meiner Unverwundbarkeit und meiner ewigen Gesundheit. Bis zum 3.12.22, bis sich Corona bekam, war ich außer Zahnentzündungen nie krank. Bis dahin hatte ich wirklich „nur Zähne", schlimm genug und konnte meinem Körper alles abverlangen. Nein, einmal hatte ich etwas Ungutes auf der Straße in Indien gegessen, was mich gleichzeitig mit meiner Tochter vom Hocker gefegt hatte, auf die Minute genau! Da gab es kein Entkommen. Ebenso hatte Montezumas Rache in Ägypten zugeschlagen. Aber nach der ungemütlichen Nacht konnte ich dort noch meinen ersten 100-Kilomter-Lauf gewinnen. Und mit den Salmonellen, die meine Töchter schon den ganzen Tag schlafen ließen, konnte ich noch einen 100 km Run and Bike in Neuzelle überleben. Auf den letzten 20 Kilometern musste ich mich nur ewig fragen, warum ich so kraftlos geworden bin. So fühlte ich mich doch sonst nicht! Direkt nach dem Zieleinlauf musste ich mich übergeben und wie meine Töchter schlafen. Meine Krankheitsgeschichte ist also an drei Finger abzuzählen. Und krankgeschrieben war ich in 30 Jahren nur einmal nach einem Sechstagelauf, als ein Arzt meinte, mir würde ein bisschen Erholung schon mal guttun.

Von Dezember 2022 bis Ende März 2023 jagte nach Corona ein grippaler Infekt den nächsten. Meine Enkel waren nur noch krank, einer immer, und ich hatte drei Tage später immer denselben Quatsch. Ich habe immer wieder versucht, gleich wieder ins Training einzusteigen. Beim letzten Mal war ich wohl doch noch zu krank und bin in unserer Sonntagsgruppe 2 Stunden mitgelaufen, wobei ich unterwegs merkte, dafür keine Energie zu haben. Der Rückfall war vorprogrammiert. Und wieder saß ich fast eine Woche mit Ohrenschmerzen an wegen zu viel Schleim in der Eustachischen Röhre. Es wurde trotz Medikamenten nicht besser. Da dachte ich: Mein Körper will jetzt dieses Jahr in weniger als 100 Tagen, keine Langdistanz durchziehen, Startplatz in Roth ergattert hin oder her. Ich habe mich von Roth abgemeldet.

Und wenn es wahr ist, dass Träume nicht gecancelt werden können, wie es in meiner Laufhose steht, dann werde ich noch mal nach Roth kommen. Ja, warum nicht? Ich werde wieder gesund, gestalte meinen Garten schön bunt für die Bienen, qualifiziere mich bald für Hawaii oder eben auch Nizza. Und dann ist irgendwann immer noch Zeit für Roth.

Zuerst wollte ich das Kapitel Roth an dieser Stelle sofort streichen nach dem Motto: wie peinlich! Sie will sich qualifizieren, schafft es aber nicht mal in Roth zu starten, obwohl sie es geschafft hat, sich anzumelden. Schwach! Nein! Negative Glaubenssätze müssen hier nicht das Zwischenziel bzw. den Traum Roth ins Nirvana verschwinden lassen. Es ist eine Sache, die auf dem „Weg nach Kona" nicht geklappt hat. Niederlagen gehören zum Sportlerdasein dazu. Das kannte ich bisher noch nicht. Auch mit Rückschlägen im Sport hatte ich vorher nie zu kämpfen. Aber ich habe auch daraus etwas gelernt. Noch besser auf meinen Körper zu hören? Mich von Niederlagen nicht einschüchtern zu lassen? Alles zu seiner Zeit? Auf jeden Fall sagt mir das: Die Generalprobe hat nicht geklappt, dann muss es mit der Quali was werden.

Anfang Oktober 2023 war ich endlich mal bei meiner Freundin Angela zum Frühstück in ihrer neuen Wohnung, auf die sie vier Jahre warten musste. Am folgenden Tag waren unsere Flüge zum Gran Canaria Maspalomas Marathon gebucht. Das war eine Spontanentscheidung, ich hatte keinen langen Lauf mehr gemacht, aber ich liebe die Kanaren im November seit einigen Jahren. Und wenn sie dort laufen will, dann will ich sie doch dabei begleiten. Warum nicht? Ich hatte gerade meine Marathonmedaillen neu nach Ländern sortiert. Eine weitere spanische Medaille sollte sich gut machen. Das Jahr beenden mit einem Marathon, wie es im April eingeläutet wurde, sollte doch nach einem sommerlichen Schwerpunkt auf dem Rad nicht schaden. Aber geläutert ohne große Ambitionen. Es sollte bei unserer Reise für mich auch darum gehen, einen Cut zu machen, den verregneten Herbst hier zu verlassen, bevor der Winter endgültig Einzug hält. Der Plan ist bestens aufgegangen. Die 10 Tage auf Gran Canaria waren heißer als der norddeutsche Sommer. Selbst abends brauchten wir auf Gran Canaria kein Jäckchen. Angela, der sonst immer selbst im Sommer kalt ist, war glücklich mit der Wärme im November. Aber der Marathon gleich am zweiten Tag war auch aufgrund der Hitze doch schwerer als vermutet - trotz einer Flasche Wasser über den Kopf zum Abkühlen alle 2,5 km. 4:50 h bin am Ende ich gelaufen. Der Atlantik strahlte beim Zieleinlauf. Welch ein Genuss, dort einfach ohne zu frieren nur sitzen zu können und auf Angela zu warten. Die vom Veranstalter offerierte Paella war ein Genuss.

Die in 3.1 beschriebene Veranstaltung Erkner war mir wichtig, weil es mein erster IRONMAN-Wettkampf war. Das schien mir bemerkenswert, obwohl ich heute regionale Veranstaltungen bevorzugen würde. IRONMAN empfinde ich im Nachhinein als einen Hype für Triathleten, die etwas auf sich halten. Ist das zu böse gesagt?

Und die Mecklenburger Seenrunde war mir wichtig, weil ich zwei herrliche Schwartauer kennengelernt habe, Birgit und ihren Mann Bärchen, die ich nicht mehr missen möchte. Beide Berichte habe ich relativ im Anschluss an die Veranstaltungen geschrieben, danach aber überhaupt keine mehr. Ich dachte immer, Wettkämpfe wären wichtig zur Vorbereitung auf den IRONMAN, aber im Endeffekt habe ich nach dem Frühjahr 2023 gar keine mehr gezielt gemacht. Und ich hatte seitdem auch nicht mehr geschrieben. Die größte Luft war nämlich raus. Ich wusste nicht mehr, worüber ich schreiben sollte und hatte auch keine Lust mehr auf Wettkämpfe. Ich habe mich aufs Radfahren fokussiert und immer versucht am Schwimmen, meiner schwächsten Disziplin wenigstens einmal, besser zweimal die Woche dranzubleiben. Bis zum IRONMAN Hamburg habe ich auch öfter mal lange Lauf-Einheiten absolviert, danach eher nicht mehr. Sonst bin ich einfach wieder für mich ohne Tempotraining gelaufen, wodurch ich doch im Winter zuvor so schön schnell geworden war. Aber die Luft war schon ein bisschen raus, der Spanungsbogen ließ nach.

Am 1.12. 2023 bin ich noch den Marathon auf Lanzarote gelaufen, der mir aber sehr schwer gefallen ist. Ja, ich war die Woche vorher sehr viel Rad gefahren, wie im knackigen Trainingslager, und sogar 20 km am frühen Morgen im Dunkeln noch zum Start. Wen wundert es da, dass ich schon bei Kilometer 19 in der Hitze beim Planespotting zwischen dem Meer und dem Flughafen von Lanzarote lahme Beine und nach dem Wendepunkt eigentlich gar keine Lust mehr hatte. Dementsprechend hatte ich 5 Stunden gebraucht. Ein vernünftiger Trainer hätte sowas wohl auch nicht erlaubt, aber den hatte ich ja nicht.

Zurück zu den Wettkämpfen vor den beiden IRONMAN im Jahr 2024. Eigentlich habe ich 2023 und 2024 nur Ligawettkämpfe mit den Golden Girls mitgemacht, die ich aber nicht sonderlich ernst genommen habe. Da ging es nur um die Teilnahme. Eine Woche nach dem Hamburg-IRONMAN z.B. konnte ich überhaupt nicht schwimmen. Ich hatte die Teilnahme wohl völlig gesnobbt. Und ohne mentale Vorbereitung kann ich scheinbar nicht schwimmen. Zu erschöpft war ich nicht, denn Rad fahren und laufen ging. Gott sei Dank war das ein besonderes Format, wo man sich gegenseitig unterstützen durfte. Philippa bemerkte meine Schwierigkeiten und bot mir ihr Bein an. Ich durfte mich dranhängen. Das amüsierte mich sehr. Auf dem Rad mussten wir auch zusammenbleiben. Dafür habe ich sie im Gegenzug beim Laufen etwas geschoben. Der Triathlon hat als Gegenteil von Einzelkämpfertum besonders Spaß gemacht.

Ansonsten war ich im September 2023 noch mit Birgit und Bärchen beim Bodenseeradmarathon. Das war ein geschenkter Urlaub. So schön. Und wir sind auch gut durchgekommen. Kurz vor Hamburg sind wir nochmal zusammen rund um Lüneburg gefahren. Das ist ja aber eher eine RTF, kein Wettkampf, aber trotzdem wunderschön von Hitzacker aus auf die Elbe zu schauen. Also haben Wettkämpfe im Vorfeld des IRONMAN eigentlich entgegen dem, was ich am Anfang des Kapitels geschrieben habe, keine große Rolle gespielt. Wichtig war hauptsächlich das Trainingslager mit Martina auf Malle, wo wir richtig Gas gegeben und in 9 Tagen 700 km abgespult haben und zusätzlich noch für unsere

Verhältnisse ordentlich geschwommen sind. 5 Kilometer sind wir auch gelaufen.

Nach Malle im April 24 waren wir im Mai noch zum Duathlon in Alveslohe, einem Kaff in Schleswig-Holstein. Der hat mir Motivation gegeben. Auf dem Rad war ich nicht ganz zufrieden, aber beim ersten Lauf hatte ich immerhin einen Schnitt von 5:15, beim zweiten von 5:30 und war damit erste und einzige in meiner AK. Martina erzählte mir danach, dass jemand bei der Siegerehrung über mich sagte: Ja, guck mal, die war schnell! Schön. Sehr faszinierend fand ich auch, dass Martina abgebrochen hat, weil sie noch Nachwirkungen von einer Krankheit verspürte. Das ist pure Vernunft, die ich bewundere. Ich hätte mich wahrscheinlich dummerweise einfach durchgequält, was wenig schlau ist.

Aber obwohl die Wettkämpfe also nicht so entscheidend waren, dürfen Erkner und die Mecklenburger Seen-Runde hier stehen bleiben, da sie eben schon geschrieben waren. Vielleicht hat jemand Spaß es zu lesen.

3.1 Erkner 70.3 – Mit Penalty-Box
Wenn man ins Wasser kommt, lernt man schwimmen.
Johann Wolfgang von Goethe

Meine erste offizielle IRONMAN-Veranstaltung hielt die Penalty-Box-Erfahrung für mich bereit. Da hätte ich gerne drauf verzichtet. Sie war nicht gut. Das Wort hatte ich zuvor noch nicht gehört.

Ein Kampfrichter hatte ganz schlechte Laune - und hat mich dummerweise viel mehr Zeit als nur die 5 Minuten gekostet. Naiver Weise wollte ich mit ihm diskutieren. Keine gute Idee.

Meine Erste IRONMAN-Veranstaltung sollte natürlich eine Premiere bei Berlin sein. Berlin ist meine Stadt. Dort habe ich zwei Mal mit einem Abstand von fast 30 Jahren studiert. In Berlin war ich verliebt. Ich bin auch schon viele Marathonpremieren gelaufen. Premieren sind immer entzückende Veranstaltungen mit Anfängerelan. Von Erkner, wo eine Freundin von mir schon früher gestartet ist, wusste ich allerdings, dass es die Veranstaltung schon gab und IRONMAN nur auf bestehende Strukturen aufgesetzt hat. Macht Sinn – für die Firma IRONMAN, für die Athleten weniger, weil die Teilnahmegebühr jetzt natürlich erheblich höher ist.

Da ich durch meinen Umzug und die ewig währenden Zahnentzündungen nicht richtig trainieren konnte, war ich vordergründig unsicher, ob ich es überhaupt schaffen könne. Ja, ich würde es wie immer einfach durchziehen, aber ich war unsicher und dementsprechend auch ein wenig aufgeregt. Die zwei Monate vorher war ich gar nicht geschwommen und das bei meinem rudimentären Schwimm-Talent. Fürs Radfahren fühlte ich mich einigermaßen gerüstet (schon wieder ein martialischer Ausdruck in der Sprache) Ans Laufen hatte ich im Vorwege gar nicht mehr gedacht, sondern nur gehofft, dass ich mit dem Radfahren durchkomme.

Fürs Schwimmen hatte mich Sandra Völker noch mit den Worten gecoacht, ich könne sowieso nichts mehr bewirken, sondern mich nur auf meine Armhaltung konzentrieren und mir vorstellen, wie ich glücklich wieder aus dem Wasser komme, weil ich es geschafft habe. Das hätte ich so sowieso schon gemacht. Ich bin mental stark, aber wenn Sandra das sagt, ist es natürlich doppelt besser. Und nach dem Motto: teuer hilft, habe ich sogar auf der Messe noch in eine Brille für 42 € investiert. Bisher hatte ich noch nie eine Brille, mit der ich wirklich gut klargekommen bin. Sie ist im Wettkampf aber auch beschlagen, so dass ich nur mühsam hin und wieder die Bojen erkennen konnte, wenn ich durch die Schräge im Sichtfeld nach vorne gucken konnte, was Kopfverrenkungen mit sich brachte. Jedenfalls bin ich gefühlt doch sehr entspannt aus dem Wasser gekommen und habe mir dann auch noch Zeit beim Wechsel gelassen.

Das Radfahren ging viel besser als vermutet. Im Schnitt bin ich über 31 km/h gefahren und habe so viele Athleten überholt, dass ich es gar nicht fassen konnte. Die Strecke war manchmal etwas eng, aber richtig Angst kam nicht auf, sondern ich bin sogar als Wettkampfsau plötzlich in Aeroposition gefahren, was ich vorher nie geübt hatte, weil ich mir eingeredet habe, es nicht zu können. Hier war jede Unsicherheit weg. Ich habe die freien Straßen und die Landschaft genossen. Die Kilometer flogen nur so dahin. Ich fühlte mich immer sicher und gut trotz Krankenwagen an der

Strecke im Einsatz wegen Stürzen, was mich immer sehr aufwühlt. Es kann natürlich etwas passieren. Aber ich bin immer sehr vorsichtig. Lieber zehn Mal zu viel bremsen als einmal zu wenig! Sogar der nasse ärmellose Einteiler war vollkommen in Ordnung. Ich vertraute Frank Schröder, einem alten Triathlonhasen und Arzt, der sagte, dass im Wettkampf 17 Grad auch mit Einteiler ideal seien. Es machte in Erkner von Anfang an Spaß und es ging wirklich unglaublich flott und kraftvoll voran. Ein Genuss. Bis ein Kampfrichter auf dem Motorrad pfiff und mich anbrüllte, ich sei im Windschatten gefahren, was ich verneinte. Es war gerade ein wildes Durcheinander von mehreren Fahrern mit Überholmanövern. Ich war mir keiner Schuld bewusst und wollte es ihm auch genauso vermitteln, bis ich begriff, dass überhaupt nicht mit ihm zu reden war. Da waren aber schon gefühlt fünf Minuten mit sinnlosem Gefasel vergangen. Und nun warteten weitere fünf Minuten in der Penalty Box auf mich. Das hat mich extrem demotiviert und aus der Bahn geworfen. Ich war in meinem Ritt gestört. Nach der Begegnung bin ich zumindest auch gefühlt langsamer weitergefahren. Mein Elan war erloschen. Nach der Penalty Box habe ich mich schneller umgezogen als in der ersten Wechselzone. Gut ausgeruht war ich ja, aber plötzlich, noch in der Wechselzone, habe ich beim Laufen mein Morton-Neurom gespürt oder was auch immer das ist, das mich ein paar Jahre gut verschont hatte. Damit waren schon die ersten Schritte des Halbmarathons ein

Schock. Wie sollte das mit stechenden Schmerzen weitergehen? Dafür sind 20 Kilometer doch zu weit, um sie mit solchen Schmerzen zu laufen! Die ersten drei Kilometer bin ich in der Euphorie wohl noch kurz über einen 5-er Schnitt gelaufen. Aber danach ließen sich die Schmerzen weder leugnen noch schönreden. Ich bin erstmal aufs Dixieklo gegangen, um meine Blase zu leeren. Gar nicht so einfach mit Einteiler. Gefühlt habe ich mir mental immer irgendetwas erzählt, um noch voranzukommen. Ich selbst wurde öfter zitiert mit dem Satz: Ein Halbmarathon geht immer! Ja, dann sollte es jetzt wohl so sein. Die Strecke war hässlich, aber ich wusste, sie musste nur noch zwei Mal besichtigt werden. Hin und wieder gab es schmerzfreie Schritte, meistens aber war der Lauf unerträglich. Ich war im Ziel nur froh, dass es endlich vorbei war. Das üppige Essen im Zielbereich habe ich durchaus wahrgenommen. Es war wirklich gut. Ich erinnere mich jetzt noch an die vor Ort gemachte Pizza. Nur wollte ich nur noch so schnell wie möglich nach Hause bzw. mit Christian zu Hannes, der mir seit 1988 ein Berliner Zuhause geschaffen hat.

Der Schock und gleichzeitig die Enttäuschung, dass mein Körper nicht alles mitmacht, steckte tief. Aber warum gleich beim ersten Schritt und nicht erst nach 10 Kilometern? Ich hätte sogar einmal eine Ibu eingeworfen, denke ich im Nachhinein, um dem Schmerz zu entgehen, aber wer kommt denn auf so eine Idee, Medikamente auf die Strecke mitzunehmen?

Ein paar Tage später habe ich mir neue Laufschuhe gekauft, als wenn sie etwas verbessern könnten. Wenn ich nicht fünf Kilometer entspannt laufen kann, wie soll ich denn einen Marathon beim IRONMAN laufen? Die Frage konnte ich mir nicht mehr beantworten. Ich war schon dabei mein Vorhaben aufzugeben, bevor es wirklich begonnen hatte. Aber ich sollte ja erst im November ernsthaft mit dem Training beginnen. Und so schnell gebe ich nicht auf!

Ich wollte zumindest alles versuchen. Also gab es nicht nur neue Schuhe, sondern auch neue Einlagen bei Tomek Brattke, dem Einlagen-Spezialisten, der eng mit Fußorthopäden zusammenarbeitet. Nachdem ich über eine bildgebende Matte gelaufen war, meinte er, es sei bestimmt kein Morton, dafür seien meine Füße nicht kaputt genug.

Nach seiner Konsultation mit dem Fußspezialisten rief er mich an, dass es wohl doch ein Morton sein könne. Die Einlagen waren fertig, fühlten sich aber zuerst ganz ungewohnt anders an. Die Pelotte, die sonst immer wie die Rettung wirkte, war gar nicht spürbar da. Einige Tage später konnte ich keine 3 Schritte schmerzfrei barfuß gehen. Aber mit den Einlagen ging es. Trotzdem war es manchmal möglich schmerzfrei 25 km mit den neuen Einlagen zu laufen. Ich musste mich also noch um Physiotherapie kümmern. Wie anstrengend, so in der Schwebe zu leben, ob noch was geht.

Zum Schwimmen war ich auch zu demotiviert einen Monat danach und die neue Rolle konnte wegen eines mega schlechten Bilds wegen nie passender HDMI-Kabel auch nicht nutzen. Überall auch noch Technikunwägbarkeiten. Und plötzlich tat sich etwas: mir wurde klar, dass ich nichts übers Knie brechen und erzwingen kann bzw. auch nicht will.

Erkner im Nachgang: Schwimmen ging gut, wie selbstverständlich ins Wasser und losgeschwommen, ganz ruhig bis zum Ende ohne jede Panik, obwohl ich kaum die großen gelben Bojen sehen konnte, weil selbst die neue teure Brille völlig beschlagen war. Zeit egal. Das Radfahren hat richtig Spaß gemacht. Ich kam ungewöhnlich leicht voran, habe viele überholt, die Strecke war sehr schön, flach und abwechslungsreich. Wald, Dörfer, Felder, bis der Kampfrichter mich angesprochen hat. Lange haben wir geredet, bis ich dachte, ich solle mich mal lieber aufs Rennen konzentrieren, als auf einen aussichtslosen dummen Klönschnack, bei dem ich nur verliere. In der Penality Box war ein netter Mensch federführend, schnell ging es durch die Wechselzone weiter. Aber da war klar, dass mein rechter Fuß nicht mehr will. Der erste Gedanke: Das wird nichts mehr mit einer Langdistanz. Die Luft war raus - auch für die Zukunft. Erstmal.

3.2 Mecklenburger Seen Rundfahrt – alte Freunde rufen

Nur wer sein Ziel kennt, findet den Weg – stand 10 km vor dem Ziel mit Kreide auf die Straße geschrieben

300 Kilometer am Stück auf dem Rad wirken sicherlich nicht so nach Spaß auf die ungeübte Radlerin. Aber ich hatte die Tour schon einmal mitgemacht und nur schöne Erinnerungen daran. Als der liebe Ricchi schrieb, ich solle mich anmelden, um zusammen mal wieder ein Wochenende zu verbringen, war ich in Gedanken schon in Neustrelitz, also mitten auf der Strecke der Mecklenburger Seenrunde. Als ich ihm später jedoch besorgt vom Trainingsrückstand berichtete, meinte er, das sei doch kein Problem, wir führen schließlich mehr mit dem Kopf als mit den Beinen. Genau, wir schaffen das! Und zu den alten Freunden haben sich am Ende neue gesellt.

Ricchi schrieb mich an, als ich gerade den Gran Canaria Marathon Ende 2022 gelaufen war. Kaum kam die Einladung, die Strecke nochmal zusammen zu versuchen, war ich ohne langes Zögern kaum zehn Minuten später schon gemeldet. Noch Ende Januar war ich seit Corona im Dezember und ständig neuen Infekten im Anschluss ohne Training dann aber doch schon ein bisschen nervös, wie ich 300 km fahren sollte ohne Training. Aber das Mallorca Trainingslager hat es wohl gebracht, wo wir 670 Kilometer in einer Woche gefahren sind.

Schon während der Autofahrt nach Neubrandenburg haben Tiger, ein Freund von Ricchi, und ich festgestellt, dass wir beide niemandem erzählen, dass wir 300 km durch die Mecklenburger Seenplatte fahren, weil dann grundsätzlich die Frage kommt, an wie vielen Tagen. Die Antwort „an einem" lässt das Gespräch meistens komplett erlahmen. Beide haben wir auch keine Lust mehr zu hören: Das geht doch gar nicht. Doch. Es geht. Und sogar gut, wie sich herausstellen sollte.

Und wieder bin ich bei den Jungs in Klein Nemerow am Tollense-See untergekommen, wo sie seit 9 Jahren jedes Jahr sind. Das ist eine Datscha-Kolonie an den Hängen des Sees, die noch an vergangene DDR-Zeiten erinnert, obwohl immer mehr neue Prachtbauten das Ursprüngliche verdrängen. Zu viert haben wir im Wohnzimmer geschlafen, einer alleine im Schlafzimmer.

Natürlich hatte ich nur k u r z k u r z dabei. Die Beinlinge habe ich, obwohl ich sie in der Hand hatte, doch zu Hause gelassen. Es war doch schon heiß auf Malle! Ricky hat mir seine Hose ausgeliehen, Thorsten ein Langarmshirt und zufällig hatte ich meine Laufjacke dabei…. Am Start waren 3,5 Grad. Wer hätte das denn vermutet? Und ich hatte keine Handschuhe. Meine Füße waren auch die ersten 60 Kilometer mindestens wie erfroren. Erst bei Kilometer 280 habe ich mir etwas ausgezogen, weil die Sonne am Ende doch noch rauskam.

Nach 40 Kilometern ca. hatte ich Birgit neben mir und fragte sie, ob sie aus Hamburg sei. Aus Bad Schwartau war die Antwort. Sie ist also fast meine Nachbarin. Als ich sagte, ich sei Susanne aus Lübeck, sagte Birgit gleich, dass ich dann ja die Ultraläuferin sein müsse, von der sie vor vielen Jahren ein Buch gelesen habe. Dass sich jemand an das alte Buch erinnert, hätte ich nicht für möglich gehalten. Ihr Mann siezte mich zuerst, als wir dann nebeneinander fuhren. Das kenne ich gar nicht, dass man sich beim Sport siezt, war meine prompte Reaktion. Er stellte sich als Wolfang vor, aber bald nannte ich ihn wie seine Frau Bärchen. Bärchen gab uns Windschatten. Schon nach wenigen gemeinsamen Kilometern und einer Verpflegungsstelle war ich gerührt wegen meines Gedankens, Freunde für Leben gefunden zu haben. Ich habe genügend Freunde, aber hier hatte ich das Gefühl, zwischen uns passt es so richtig. Neben dem Sport teilen wir auch die Gartenleidenschaft.

Zwischendurch haben wir uns noch einmal der AOK-Gruppe angeschlossen, die aber so ungleichmäßig und chaotisch durcheinander fuhr, dass Birgit und ich beide schnell genervt waren. Nach einigen Kilometer mit 35 km/h und wüsten Bremsmanövern in der Gruppe haben wir uns zurückfallen lassen und auf Bärchen geschworen, der gleichmäßig fuhr. Insgesamt waren wir auch nicht langsamer, denn an jeder Verpflegungsstelle bis zur letzten haben wir die Gruppe wiedergesehen. Und an jedem Depot haben wir wirklich Energie getankt. Im normalen Leben wirkt es sicher eklig, in der einen Hand einen Becher Brühe zu haben und in der anderen leckeren Apfelkuchen. Auch die Cola war auf den letzten Kilometern wie Medizin. Da frage ich mich aber immer, wie man so viel Zucker zu sich nehmen kann, wenn man ihn zur schnellen Verfügbarkeit gar nicht braucht. Also warum zum Essen? Cola ist Medizin!

Gegen Ende der Tour ohne jegliche Schmerzen und größere Ermüdungserscheinungen hatte ich tatsächlich fast meine Roth-Absage bereut. Ich wäre zwar nicht schnell gewesen, aber ich hätte die Distanz sicherlich überlebt. Das war eigentlich mein Plan. Aber so schone ich meinen Körper. Die Hin- und Rückfahrt waren wesentlich anstrengender als die Tour selbst. Autofahren ermüdet mich.

Als auch meine Männer 2 Stunden nach mir in unserer Unterkunft waren, haben wir gemeinsam festgestellt, dass wir 2500 Höhenmeter gefahren sind. Das ist ja mehr als nach Sa Calobra auf Mallorca. Das habe ich hier aber gar nicht bemerkt. Wellige Strecken sind also my favourite. Ohne großes Training über 300 Kilometer ohne Schmerzen oder Ermüdungserscheinungen mit einem 27er-Schnitt gefahren zu sein, fand ich schon gut. Das hat mich wieder-aufgebaut. Einfach dranbleiben und dann klappt es!

4. IRONMAN HAMBURG – DIE WM-QUALIFIKATION

Das habe ich noch nie vorher versucht, also bin ich völlig sicher,
dass ich es schaffe.   Pippi Langstrumpf

Das Zitat trifft meine innere Haltung dazu mittlerweile ganz gut. Ich habe nie dran gezweifelt, dass es klappt. In Hamburg fühlte ich mich rundherum gut trainiert, begleitet und sicher, nie alleine. Gut begleitet ist halb gewonnen. Läuft! Unter dem Motto könnte der gesamte IRONMAN Hamburg stehen.

Da ich dieses Kapitel erst nach Nizza schreibe, ist die Erinnerung nicht mehr ganz frisch. Ich weiß nur, dass ich die letzten 2 Wochen oft und lange in meinem Strandkorb gesessen und auf das Event gewartet habe. Ich war wie gelähmt vor Ehrfurcht und fühlte mich wie auf dem Weg zum Schafott. Nein, Quatsch, aber der Respekt war doch extrem.

Aber dann kam Tomek. Der absolute Einlagenspezialist, der Mann einer Golden Girls-Teamkollegin und Jugendtrainer vom Tri-Sport hat mir noch kurz vor dem Event die notwendige Leichtigkeit vermittelt. Er selbst nehme jedes Jahr am IRONMAN Hamburg teil, weil es dort einfach Spaß mache. Ihm gefalle die Atmosphäre. Es sei zwar teuer, aber den Spaß gönne er sich jedes Jahr. Und meine Bedenken habe ich völlig umsonst. Ich könne mir nicht vorstellen, was da für Gestalten ins Ziel kämen. Ja, wahrscheinlich hat er Recht! Durch sein Schwärmen und die aufmunternden Worte hat es sich letztendlich ergeben, dass wir uns am Morgen der Veranstaltung um kurz nach 5 Uhr bei Britta, wo ich übernachtet habe, an der U-Bahn Burgstr. getroffen haben. Das hat mir große Sicherheit vermittelt. Mit Tomek unterwegs zu sein, ist großartig. Er ist so mega entspannt. Merkwürdig, dass das so einige von mir behaupten. Das kann ich kaum nachvollziehen. Aber nochmal zurück:

Am Freitag habe ich die Startnummer abgeholt und war vollkommen emotional im Athletendorf unterwegs. Mir kamen die Tränen, als mir viel Glück gewünscht wurde. Ich habe mir noch Laufschuhe gekauft mit IRONMAN- Logo und sie am Wettkampftag direkt angezogen – mit Tomeks Einlagen. Ich weiß, das soll man nicht, aber ich wollte es und es sollte gut gehen.

Am Sonnabend gegen Mittag habe ich mein Rad abgegeben und danach mit Thomas, der extra dafür vorbeigekommen ist, einen Kaffee getrunken - direkt an der Außen-Alster. Mit Thomas halte ich schon lange Kontakt. Er war der Mann meiner verstorbenen Lieblingskollegin. Während unseres Gesprächs habe ich wohl nicht ganz unbemerkt immer wieder fragende Blicke auf die Schwimmstrecke geworfen und mich im Stillen gefragt, wie so eine lange Strecke durch das dunkle Wasser zu bewältigen sei.

4.1 Freunde – Unterstützung ist alles

Der Weg liegt nicht im Himmel, sondern im Herzen.   **Buddha**

Und dann bin ich zu Britta gefahren. Sie hat am Abend für mich gekocht und mir sogar noch ihr Bett zur Verfügung gestellt, damit sie mich nachts im Wohnzimmer, wo die Gästecouch steht, nicht stören würde. Um 4 Uhr morgens hatte sie mir sogar schon das Frühstück bereitet. Das war großartig von ihr. Ich habe mich so sehr ausgehoben und umsorgt gefühlt. Das spricht natürlich dafür, den ersten IRONMAN vor Ort zu machen, anstatt vor schöner Kulisse im Ausland, wo man sich nicht auskennt und vor allem wahrscheinlich niemanden kennt wie Britta, die hier sowieso einzigartig war. Und ich wusste auch, dass Silke und Martina noch kommen würden. Aber nun erstmal zur Burgstr und mit Tomek U-Bahn fahren. Er war die Ruhe selbst. Wie wohltuend. Wir sind nochmal in die Wechselzone am Ballindamm und dann auch schon weiter zum Schwimmstart, wo wir bestimmt noch eine halbe Stunde warten mussten, immer die Kennedybrücke im Blick, die zwar weit weg war, aber ich wusste, da will ich hinschwimmen und noch weiter. Viele Athleten hatten Badelatschen oder Hotelpuschen an den Füßen, die sie vorm Start liegen ließen. Letztendlich sind wir gemeinsam ins Wasser gegangen. Ich war ganz ruhig und freute mich, dass es jetzt endlich losgehen sollte.

4.2 Schwimmen – in der Alster

Wo immer du bist, sei ganz dort   *Eckart Tolle*

Nachdem wir ins Wasser eingetaucht waren, habe ich Tomek nicht wiedergesehen, nur einmal viel später ganz kurz auf der Laufstrecke. Unter der Kennedybrücke war das Wasser noch dunkler. Boje für Boje habe ich ruhig abgearbeitet. Jemand hat mir auf dem Rückweg auf den Kopf gehauen. Auch das war zu verschmerzen. Die gesamte Zeit über war jemand neben mir. Es war gefühlt voll. Nie habe ich mir Gedanken gemacht, unter den letzten zu sein. Nachdem die Kennedybrücke wieder passiert war, freute ich mich nur noch auf die Unterquerung des Jungfernstiegs, vor der Martina immer gewarnt hatte. Er sollte eng und dunkel sein, Aber ich wusste, dass danach der ersehnte Ausstieg wartete. Das war für mich entscheidend. Der Weg dahin war aber noch weit. Die Binnenalster zog sich sehr. Aber nach dem engen Tunnel konnte ich sofort den Ausstieg sehen. Und endlich war es soweit. Ich hatte wieder festen Boden unter den Füßen und konnte sogar barfuß über den Asphalt zu meinem Beutel laufen, mich zügig, aber ohne zu große Eile umziehen und dann das Rad greifen, das hässliche Cervelo-Kackrad, wie ich es nannte, das mir dort aber sehr gute Dienste leisten würde. Und auch trotz Radschuhen an den Füßen konnte ich laufen, das Rad am Sattel führend, was ich hin und wieder geübt hatte. Aufsteigen und vom Ballindamm rechts abbiegen Richtung Tunnel. Auf geht's.

4.3 Auf der Radstrecke – Stadt und Deich

Alle Träume können wahr werden, wenn wir den Mut haben ihnen zu folgen.　　　　　　　　　　　　　　　*Walt Disney*

Ich merkte, dass ich mich nicht einklicken konnte, was mir erst Panik machte. Ich versuchte es verzweifelt immer wieder. Nichts zu machen. Wie kann das denn angehen? Es gibt doch immer wieder Dinge, die gibt's gar nicht. Bei den Landungsbrücken sagte ich mir schließlich, dass es auch ohne gehen muss. Nützt ja nix, würde Marco sagen. Ja, soll ich verzweifeln? Das macht es auch nicht besser. Und vor der Reeperbahn noch „klick" und ich war drin, also alles gut. Und dann ging es sehr zügig voran auf der mir vom Marathon bekannten Strecke. Ich genoss die freie Fahrt: Herrlich, fast wie fliegen. Zum Fischmarkt runter, es ging immer bergab. Dann fast bei Britta vorbei und durch industriell geprägte Straßen in der Nähe von meinem alten Arbeitsplatz, wo ich 12 Jahre zusammen mit Britta gearbeitet habe. An der Elbe hatten Britta und ich am Tag vorher auch noch eine Kleinigkeit in einem Café gegessen. Da mutete es noch wie ein Touristenausflug an. Jetzt war es ernst. Am Deich entlang auf neuen Pfaden konnte ich richtig in die Pedale treten. Ich fuhr eine ganze Weile 35 km/h, womit ich mich selbst beeindruckte, vorbei an jungen Männern mit teuren Rädern. Gerne hätte ich ihnen übermütig zugerufen: Was ist bei euch kaputt, dass euch die Oma auf einem alten Esel überholt? Ja, ich war etwas übermütig, aber es fühlte sich geschwind an. Dann kam bekanntes Bergedorf und wieder unbekannt weiter. Ins Penalty Zelt wollte ich auf keinem Fall, wo Kathrin Krüger stand, nicht ihretwegen. Aber das bringt aus dem Rhythmus und ist furchtbar, wie ich aus Erkner schon wusste. Mir gefiel die Strecke. An allen Verpflegungsstellen flitzte ich vorbei. Ich hatte genug in den Taschen und in 2 Flaschen. Gefühlt waren die 90 Kilometer recht schnell vorbei. Wunderbar, nur noch eine Runde. Großartig, das passt. Und wieder über die Reeperbahn und am Fischmarkt vorbei. Speicherstadt und Hauptbahnhof. Da wäre ich fast gestürzt, weil ich zu viel an den Flaschen rumgefummelt habe. Konnte mich aber gerade noch fangen. Nein, das wäre gar nicht gegangen. Aber ist ja gut gegangen. Der kurze Schock war schnell verarbeitet. Es ging wieder raus aus der Stadt. Und dann kam gefühlt mehr Gegenwind auf. Ich fuhr nicht mehr 35 km/h. Die Strecke konnte ich immer noch genießen, sie gefiel mir. Ich hatte immer das Gefühl von Heimat, auch wenn ich an vielen Stellen noch nicht war. Bei einem Ruderclub, glaube ich, überholte ich Petra. Obwohl sie in der Pfalz wohnt, ist sie noch Mitglied im Tri-Sport und immer bei den Trainingslagern auf Mallorca dabei. Leider konnte ich nichts sagen, denn ich wurde gleichzeitig auch noch überholt. Das war der einzige brenzlige Moment auf der Strecke. Nach 150 Kilometern ca. wurde es mir langsam lang, aber ich hielt durch. Oder wurde ich doch ein bisschen langsamer? Das Ziel war gefühlt aber schon nah und kam auch beständig näher. Mir ging es gut und schon konnte ich an der Kunsthalle ungefähr absteigen. Juhu. Nummer 2 war schon geschafft. Nun war klar, dass ich ins Ziel komme, jetzt konnte nichts mehr passieren. Schnell das Rad abstellen. Da war Silke. Wie schön. Mir kamen fast die Tränen. Aber ich hatte keine Zeit, ich musste schnell weiter.

4.4 Laufen – mit Thorsten Schröder

Du wirst als Mensch nur wachsen, wenn du dich außerhalb deiner Komfortzone befindest.   *Percy Cerutty*

Nachdem das Rad abgestellt war, ging es gefühlt in den Endspurt. Zack, die Laufschuhe an und nach 50 Metern der erste Blick auf die Uhr. Oh, 5:30-er Schnitt. Kein Problem, das ändert sich von ganz alleine noch. Gleich an der ersten Verpflegungsstelle stand Thorsten Schröder. Er schaute sehr aufmerksam und sah, dass ich mich riesig freute, ihn dort zu sehen. Ja, er hat wohl auch anderes zu tun, gibt seine Begeisterung für den Sport aber zurück. Ganz großes Kino! Ja, und er freute sich anscheinend über meine Freude zurück. Das war eine berührende Begegnung für mich. Ich bin auch absoluter Fan von ihm und schaue mir alle seine Videos an. Manchmal freue ich mich auch bei der Tagesschau, obwohl er da natürlich im Arbeitsmodus ist und wenig Menschliches durchscheint. Von der ersten Begegnung an sollte ich ihn ja noch oft sehen. Jedes Mal freute ich mich auf ihn und jedes Mal lief ich an ihm vorbei, obwohl ich am Ende sonst auch gerne mal gegangen bin. Aber nicht vor seinen Augen. Beim letzten Mal stand die Presse bei ihm und er sagte ihnen: „Guckt mal, Susanne ist auch da!" Irgendwie hat er mich ein wenig gefühlt über die Strecke getragen, aber nicht nur er. Silke stand kurz nach ihm und drehte gleich ein Video, als ich an ihr vorbeilief – wahrscheinlich auf der 2 Runde, weil sie so schnell wie ich hier gar nicht von der Wechselzone hingekommen wäre. Der 6er-Schnitt blieb sogar wohl fast 2 Stunden, es lief. Britta und Thomas standen ganz am Ende der Alster an einem Wendepunkt und feuerten mich an. Auch in dem Park an der Alster waren unbekannte, aber nichtsdestotrotz mutige Anfeuerer, die nicht müde wurden. Nach der Zielgeraden, wo ich ja einige Male vorbeikam, standen Martina, Ewelina, Tomeks Frau, und sogar Peter Jöns. Ach, war das schön, unterwegs so liebe und bekannte Gesichter zu sehen. Schon auf der vorletzten Runde habe ich im Park an der Alster das Dixie bemüht. Danach war die Luft ein bisschen raus. Ich hatte den Lauf unterbrochen und es gefiel mir sogar ganz gut, nicht mehr zu rennen, sondern ein wenig zu verweilen. Moment du bist so schön. Ich finishe das Ding, das weiß ich. Irgendwann auf der letzten Runde wurden meine Geheinlagen häufiger. Die Strecke gefiel mir auch nicht mehr. Thorso war weg und die ewigen Kurven nervten und die Wendepunktstrecke auf der Kennedybrücke gab mir den Rest. Ja genau, da schwankte nämlich der Boden unter mir. Sofort erinnerte ich mich an die Worte meines Endokrinologen, der meinte, dass ich meinen Körper doch am besten kenne und garantiert nicht über Grenzen gehe. Genau, das Schwanken war mir nicht geheuer. Und deshalb ging ich lieber spazieren. Sicher ist besser. Ich mache das ja zum Spaß. Und wenn ich mich nicht gut fühle, ist eben Ende. Das heißt natürlich langsam. Gestoppt wird erst im Ziel. Und damit war mir alles egal. Dann komme ich eben nicht nach Nizza. Ich hatte keine Lust mehr, lief aber trotzdem immer mal wieder kurz an. Jetzt sollte es einfach nur noch gemütlich sein, kein Kampf um nichts mehr. Genau, und das hatte ich schon vergessen: Mir war wohl ab der 3. Runde schon kotzübel. Ich wollte irgendwann auch keine Cola, gar nichts mehr zu mir nehmen, sondern nur noch meine Ruhe haben. Ich hatte auch wirklich entgegen meiner Gewohnheiten immer ordentlich Kohlehydrate genommen, Riegel, Gels, Flaschen, das volle Programm. Und selbst auf dem letzten Kilometer vor dem Ziel bin ich noch gegangen. Aber ein ZieleinLAUF musste es dann natürlich schon sein. Alegra, Ewelinas und Tomeks Tochter und großartige Trainerin und sogar noch Mathematikstudentin, hängte mir die Medaille um. Geschafft. (Das Foto dazu auf S.97)

5.5 Der Rest des Abends – es ist vollbracht

Wer Vertrauen hat, erlebt jeden Tag Wunder.   *Epikur*

Ja, Silke hatte noch gewartet. Wie habe ich mich darüber gefreut. Aber ich musste mich erstmal orientieren. Eine Helferin fragte gleich, ob sie mich zur Zielverpflegung bringen sollte. Ja, anscheinend sah ich richtig Scheiße aus und habe mich kurz auch so gefühlt. Nein, ich konnte noch alleine dahin. Silke war auch sofort bei mir, als ich das Gelände verlassen hatte. Ralf kam auch zum Gratulieren vorbei, er war als Helfer hier, nachdem er sich letztes Jahr den Traum erfüllt hatte, hier zu starten. Auch er hatte immer von Kotzgefühlen auf der Strecke erzählt. Netterweise hatte er mir im Vorfeld immer Trainingspläne vom Triathlonmagazin vorbeigebracht, an die ich mich aber nicht so recht gehalten habe. Ging ja auch so. Bald kurvte er mit seinem Skateboard weiter. Sehr cool. Bei der Zielverpflegung habe ich mich gleich umgezogen und noch ein Stückchen Pizza ergattert. Das war sozusagen schon unter dem Ladentisch verschwunden, aber ein Helfer hatte Mitleid mit mir. Ich sagte ihm, ich brauche unbedingt etwas Herzhaftes, sonst müsste ich kotzen. Klare Ansage anscheinend. Danach sind Silke und ich noch zur nächsten Pommesbude am Jungfernstieg oder zumindest da so auf der Ecke. Meine Orientierung war noch nicht gut. Da waren sie schon bald am Schließen, wir waren die letzten und ich merkte, dass ich keinen Schimmer hatte, wie spät es schon war. Eine junge Bedienung fragte vorsichtig, ob sie uns etwas fragen dürfte. Ich hätte ja wohl teilgenommen. Sie verstehe nicht, wann diese ganzen Disziplinen weitergehen. Heute war ja wohl das Radfahren dran, sie habe die Räder am Ballindamm stehen sehen. Ich klärte sie auf, dass wir alles nacheinander absolviert hätten. Nein, sagte sie, sie würde ja niemals nur 40 km alleine laufen können. Doch, habe ich geantwortet, das könne jeder, auch sie, sie müsse es nur wirklich wollen und vernünftig dafür trainieren. Es wirkte, als beginne sie zu überlegen. Ja, es wäre doch schön, wenn sie eine Inspiration bekommen hätte.

Silke verabschiedete sich, ich holte mein Rad und hüpfte mit ihm und dem anderen Gedöns unter dem Arm die U-Bahn-Treppe runter. Nach mir kam ein Mann, der merklich Schwierigkeiten hatte, mit allem die Treppe hinunterzubekommen. Ich überlegte kurz, ob ich ihm helfen sollte, da stürzte schon ein anderer herbei.

Britta und ich haben noch eine Weile beieinandergesessen, bevor der Tag sich dem Ende neigte. Ich fühlte mich so wohl und umsorgt von Britta, die mit Sport eigentlich nichts am Hut hat. Ein riesengroßes Dankeschön nochmal an dieser Stelle, liebe Britta! Es war so unglaublich schön bei dir und hat mich sehr unterstützt.

4.6 Die Slotvergabe – in der Handelskammer

Es scheint immer unmöglich, bis es getan ist. **Nelson Mandela**

Nächsten Morgen war ich frisch und wach und hatte nicht einmal Muskelkater. Es gab nochmals ein gutes Frühstück, bevor Britta mir ihr Rad aus dem Keller holte, damit ich damit zur Handelskammer fahren konnte. Ich weiß es gar nicht mehr, ob ich schon wusste, dass ich dritte in meiner Altersklasse und somit sicher qualifiziert war. Aber in Zeiten des Internets denke ich schon. Der Weg in die Stadt war teilweise Strecke vom Vortag. Welch ein Genuss jetzt mit dem Damenrad mit wahrscheinlich 10 km/h zu rollen. Ich nahm mir gleich wieder etwas zu essen dort und traf Petra vom Tri-Sport. Wie schön! Ich wollte sie gleich animieren, auch mit nach Nizza zu kommen, aber das wollte sie partout nicht. Das reichte ihr hier jetzt. Und schon wurde ich zur Siegerehrung aufgerufen. Im Anschluss wurde ich von Frank Wechsler interviewt, den alle kannten, wie ich hinterher feststellen musste. Ich weiß gar nicht mehr, was ich gesagt habe. Egal. Aber die Freude über die Quali habe ich rübergebracht. Und sofort im Anschluss musste die Kreditkarte gezückt werden, die ich eigens für diesen Zweck aus den Tiefen der Schublade hervorgekramt hatte. Eine junge Frau, die ein Handy in der Hand hatte, habe ich noch kurz gebeten mir den Dollarbetrag umzurechnen, was zu einem leichten Schock führte. Deshalb musste ich kurz zögern, hab dann aber doch ganz schnell zugegriffen. Schließlich habe ich nicht so lange darauf hin geplant, um dann zu geizig zu sein!

Im Laufe der nächsten Minuten war ich kurz etwas enttäuscht, weil wirklich jede an Nizza hätte teilnehmen können. Die Slots wurden gar nicht so gut angenommen wie die der Männer nach Hawaii. Aber Hawaii ist eben Hawaii. Zwischendrin hatte ich ja auch drauf spekuliert, sowieso nach Nizza mitzukommen. Also warum bitte nicht für alle.

In Ordnung, mein Weg zur WM nach Nizza war also soeben komplett geebnet. Und die Tage darauf waren wie im Traum. Es erreichten mich so unglaublich viele Glückwünsche. Ich wusste gar nicht, so viele Menschen zu kennen, nein, Spaß beiseite. Aber ich dachte immer, Anerkennung wäre nicht mein Motor für diese Unternehmung. Sie tat trotzdem gut. Wie viele Menschen dieses Video gesehen hatten! Meine Tochter Elena, die meinen sportlichen Aktivitäten gefühlt immer negativ gegenübersteht, bemerkte: „Ich bin stolz auf dich!" Oha. Das tat gut zu hören. Das war die wichtigste Anerkennung.

Das Triathlonmagazin hat ein Video von der Slotvergabe veröffentlicht, in dem ich auch ab Minute 2:10 zu sehen bin. https://tri-mag.de/szene/frauen-nach-nizza-maenner-nach-hawaii-die-emotionen-der-slotvergabe-beim-IRONMAN-hamburg-2024/

4.7 Nach Hamburg, vor Nizza – der unendliche Sommer

Die Pause gehört zur Musik.   *Stefan Zweig*

Von Juni bis September gab es einen großartigen Sommer, wie ihn sich wohl jeder wünscht. Sonne, laue oder heiße Luft, warme Seen. Ich habe ihn im Garten und mit seichtem Schwimmen im Freiwasser in der damals noch unbewussten Haltung genossen, bereits alles erreicht zu haben. Mein Plan war aufgegangen. Ich hatte mich nicht nur für die WM in Nizza qualifiziert, sondern auch eine Menge Geld dafür bezahlt. Eine Teilnahme an einer IRONMAN-WM kann sich nicht jede leisten. Soviel ist klar. Und ich war dankbar, es geschafft zu haben, meine Pläne im Leben verfolgen zu können. Ambitionen, in Nizza gut abzuschneiden, hatte ich nie. Ich war Rookie, hatte Respekt vor der Strecke, meiner Unerfahrenheit und allem. Mein Ziel war anzukommen und mir die Medaille an die Wand zu hängen. Einfach entspannt meine Mission umsetzen. Wie oft hatte ich gesagt, ich könne mir auch vorstellen letzte zu werden und die Medaille von Anne Haug umgehängt zu bekommen? Die Luft war raus. Das nahm ich aber nicht richtig wahr, sondern zwang mich zu trainieren. Irgendwie. Vor dem Schwimmen im offenen Meer hatte ich großen Respekt, weil ich das gar nicht kannte. Die Ostsee hatte ich zwar vor der Tür, aber ich war zu faul es auszuprobieren und sie war für mich noch nie mit dem Mittelmeer vergleichbar. Ich verließ mich im Grunde auf „mein Mittelmeer", wie ich es immer nannte. Seine Wärme

146

und das Tragende sowie die Farbe waren mir mehr als bekannt und hatten nichts mit der grauen Suppe gemein, in die ich schon früher nie gegangen bin. Die Ostsee hatte ich mein Leben lang als „von Kindheitstagen zum Anschauen bekannt" zum Schwimmen ignoriert. Manchmal fuhr ich mit dem Rad zum Ratzeburger See und drehte eine kleine Runde darin. Im Endeffekt war das aber mehr als Sommervergnügen zu werten als einem ernsthaften IRONMAN-Training ebenbürtig.

Trotz des Sommergenusses mit Sonnen im Erfolg von Hamburg habe ich auch noch relativ viel gearbeitet und mich um den Garten und die Enkel gekümmert. Nebenbei hatte ich auch mal das Gefühl feiern zu dürfen bzw. zu müssen. Blödsinnig und für Nizza auf jeden Fall kontraproduktiv, habe ich auch mal wieder das ein oder andere Glas Wein mit Freunden genossen, was ich mir ein halbes Jahr vor Hamburg aus bekanntem Grunde verwehrte.

Über meine Fußschmerzen mag ich gar nicht schreiben. Ich habe sie vor Nizza gekonnt ignoriert nach dem Motto: da muss ich nach 2 Disziplinen vorher erstmal hinkommen. Deswegen bin ich aber wenig gelaufen, hatte auch wenig Lust dazu. Zwei Wochen vor Nizza beim letzten Ligawettkampf konnte ich schon bei der olympischen Distanz wegen Schmerzen nicht gut laufen. Aber anstatt mir von Angela die Diclofenac retard Tablette zu holen, habe ich den Schmerz weiter ignoriert und unterschwellig gedacht: „Es muss auch so gehen! Ich nehme ja auch sonst keine Tabletten."

Kurzeitig hatte ich auch ein Ziehen an der linken Gesäßhälfte und dafür sogar noch Physiotherapie in Anspruch genommen. Timo, ein Tri-Sport-Trainer und mein Physiotherapeut hat sich rührend bemüht und mir Mut gemacht. Während andere stundenlang über ihre Schmerzen recherchieren und referieren können, gehe ich meist drüber hinweg und denke, es wird schon irgendwie gehen.

Einmal war ich alleine direkt nach einem Arbeitstermin an der Ostsee auf dem Rennrad unterwegs, als ich beim Fischbrötchen-stopp in Haffkrug eine neue Mail entdeckte. Julia Umlandt vom Triathlon-Magazin in Hamburg hat angefragt, ob sie mich für ein Video interviewen könnte. Na klar, sofort! Ich habe mich richtig gefreut. Und nur wenige Tage danach kam sie. Ich konnte tat-sächlich erzählen ohne groß zu stottern, obwohl ich normaler-weise keine große Rednerin bin. Es hat richtig Spaß gemacht und mir Anerkennung vermittelt. Julia wollte sogar meine ganzen Ma-rathonmedaillen filmen, die nicht mehr so prominent im Flur hin-gen, sondern in den Keller umziehen mussten. Alles hat seine Zeit. Julia war so offen und zugewandt, dass das Ganze wirklich ein besonderes Erlebnis war. Danke, Julia, für die schöne Erfah-rung. https://www.youtube.com/watch?v=VakW3JIzMNM

Ich freute mich auf die reine Frauen-WM-Premiere in Europa, auf eine besondere Atmosphäre ohne Männer im Rennen. Ja, da wollte ich dabei sein und mir nicht wie in Hamburg wochenlang vorher schon Stress machen und in Ehrfurcht erstarren. Letztes Jahr war es die erste WM der Frauen alleine auf Hawaii. Was wie eine Errungenschaft des Feminismus wirken könnte, dass es jetzt eine reine Frauen-WM gibt, entkoppelt von der Männerveranstaltung, hat eher ökonomische Gründe. Ja, Big Island hat seine Kapazitätsgrenze erreicht, aber bei 2 verschiedenen Veranstaltungen ist die Teilnehmerinnenzahl sicherlich stark erhöht worden. Das bedeutet noch höhere Einkünfte für IRONMAN.

4.8 Die Woche vor der Abfahrt – am verkehrten Ort

Wir sehen die Welt nicht wie sie ist, sondern wie wir sie sehen.

Talmud

Bereits am Sonntag, eine Woche vor Nizza, sah ich in den sozialen Netzwerken, wie viele Teilnehmerinnen schon vor Ort waren. Ich selbst fühlte mich zu Hause sofort fehl am Platze, nicht mehr am richtigen Ort bzw. viel zu weit weg von meinem Sehnsuchtsort Nizza. Ich freute mich auf die Premiere, die reine Frauen-WM in Nizza. Auch bei Marathons lief ich gerne Premieren. Und es war ja erst das zweite Mal mit einem eigenen Austragungsort für Frauen. 2 Jahre zuvor waren Frauen und Männer noch gleichzeitig auf Hawaii nur an 2 verschiedenen unterwegs, nämlich am Donnerstag und Samstag. Aber ich war gleichzeitig auch plötzlich unsicher. Ich hatte es verkehrt gemacht, so spät loszufahren. Und sowieso war ich nicht gut trainiert und konnte es sowieso nicht. Auch Julia, vom Triathlonmagazin, hatte mein Video ja gar nicht veröffentlicht. Es sollte doch schon erschienen sein, aber wahrscheinlich hatte sie auch gemerkt, dass ich es nicht kann. Üble Selbstzweifel machten sich breit. Was sollte das jetzt? Ich fühlte mich gar nicht gut, war völlig erschöpft.

Andrea Helmuth kannte ich von Facebook. Direkt nach ihrer Quali für Hawaii 2023 in Tallinn, wo ich schon mal den Marathon gelaufen war, wurde sie mir auf Facebook vorgeschlagen. Die Algorithmen funktionieren. Und von da an war sie mein großes Idol. Ja, sie kann es! Ich vielleicht nicht. Sie hatte es geschafft, sich mit 60 für Hawaii zu qualifizieren und hat dort die Premiere für Frauen mitgenommen. Danach hat sie uns im Netz an Trainingslagern u.a. auf Fuerteventura teilhaben lassen und natürlich an Hawaii. Ich bewunderte sie. 2024 hat sie sich schon Anfang Mai beim 70,3 in Jesolo bei Venedig für Nizza qualifiziert und angenommen. Ich gönnte es ihr, sich bei einer Mitteldistanz nochmal qualifiziert zu haben, ist ja Kräfte schonender, und hoffte sie kennenzulernen. Das Universum sollte dem Wunsch folgen. Dazu später mehr. Sie postet auch schon eine Woche zuvor, dass sie den weiten Weg von Frankfurt ungewöhnlicher Weise mit dem Auto auf sich genommen hatte. Das hat mich nervös gemacht. Wir haben doch einen viel längeren Weg und werden noch lange hier sein und arbeiten. Sie hat dann die schwierige Strecke abgefahren und kennt sich also aus. Ich werde die Strecke erst während des Wett-kampfs sehen. Ich konnte es noch nicht einmal bedauern. Es war ja nun mal so. Aber optimal schien mir meine Herangehensweise nicht. Es gab nichts mehr zu ändern. Ich konnte nur abwarten und mich anscheinend schlecht fühlen.

5. WORLD CHAMPIONSHIP NICE - ANKOMMEN DAS ZIEL

Nenn es nicht Träume, sondern Plan!   *Unbekannt*

Den Satz hatte ich einige Tage nach Nizza gelesen. Unbewusst hatte ich wohl alles richtiggemacht und meine Mission seit Jahren gezielt umgesetzt. „Mein Plan ist aufgegangen", hatte ich direkt nach Hamburg in meinen What's app Status geschrieben. Ja, Träume sind abstrakter. Das Wort „Traum" benutze ich nicht, wahrscheinlich, weil ich Ideen zügig umsetze, Und mit 60 an der IRONMAN-WM teilzunehmen, obwohl ich damals weder schwim-men noch Radfahren konnte, war wirklich ein Plan, den ich lang-fristig vorbereitet hatte. Er sollte jetzt in die Endphase gehen.

5.1 Die Autofahrt – Hölle auf Rädern

Es gibt kein sichereres Mittel festzustellen, ob man einen Men-schen mag oder nicht, als mit ihm auf Reisen zu gehen. Mark Twain

Das Zitat habe ich erst im Dezember 2024 gelesen und dabei sofort an Martina gedacht, meine Begleiterin nach Nizza. Auf der Reise nach Nizza musste dieses „Mögen" nicht erst bestätigt werden. Nein, es war ein großes Glück, dass sie mich begleitet hat. Denn auf Reisen funktioniert alles ohne große Worte zwischen uns. Das hatten wir schon auf diversen Trainingsreisen erprobt. Ohne sie hätte alles noch ein größeres Drama werden können. Vielen herzlichen Dank an Martina ausdrücklich nochmal an dieser Stelle, bevor die Reise hier losgeht!

Das Auto hatte ich entgegen meiner Gewohnheiten extra in eine Werkstatt gebracht, um mir eine reibungsfreie Fahrt garantieren zu lassen. Normalerweise mache ich mir um so weltliche Dinge wie Autos wenig Gedanken. Aber sogar den Dachgepäckträger hatte ich noch am Tage meiner Abreise unbedingt abbauen wollen, da er überflüssigerweise lediglich für Diesel-Mehrverbrauch und mehr Fahrgeräusche sorgen würde. Aber ich war misstrauisch. Hatte der Mechaniker nicht zu lapidar gesagt, ja, es gäbe mehrere Fehlermeldungen, aber er könne nichts finden? Was für ein dummer Spruch. Dafür hat er auch noch 250 € genommen. Er wird mich nie wiedersehen.

Bereits nach den ersten Staus unweit von Hamburg-Stillhorn gelang es mir, erste Verschlucker der Karre gekonnt zu ignorieren. Der graue Dacia hatte als Nachfolger meines goldenen BMW nie eine Chance bei mir. Ja, ich konnte in ihm gut schlafen, aber wie

oft hatte ich das genutzt? Mir gefiel der Radfahrer-Spruch: 750 €
fürs Auto, 7500 € fürs Rad! Stimmte bei mir nicht ganz, weil ich
auch ein gebrauchtes Rad habe, aber es ist sicherlich noch mehr
wert als das Auto. Genau mit dieser Autoironie konnte ich mit
dem Auto leben. Zurück zur Autofahrt: Da ich es nicht wahrhaben
wollte, kann ich die genaue Stelle nicht mehr benennen, wo das
Verschlucken durch eine Kontrolllampe untermauert wurde, bei
deren Aufleuchten man sofort anhalten sollte. Martina und ich
dachten dasselbe: Wir werden nicht bis Hannover kommen. Nur
noch hilfloses Gefasel – bis Martina es auf den Punkt brachte: Irgendwie noch ankommen ist wohl das Motto dieser Reise! Ich
ahnte, dass sie recht hatte, obwohl mir die Prognose so scho-
nungslos bereits am Anfang der Reise überhaupt nicht gefiel.

Dann bemerkten wir 6,7 l Dieselverbrauch. Da muss ja richtig was
kaputt sein, denn normalerweise verbraucht der Dacia wenigstens nur 5,9 l auf 100 km, obwohl es eine große Kiste ist. Kein
Zweifel mehr, dass hier wirklich etwas nicht stimmt. Entsetzen
gemischt mit Dankbarkeit über jeden gefahrenen Kilometer und
die Angst, einfach liegen zu bleiben, machte sich von Kilometer
zu Kilometer mehr im ganzen Körper breit. Es gab nur noch ein
banges Thema. Alles kreiste darum. Wie weit schaffen wir es?
Was hat dieses Auto? Martina hat eine ADAC Goldkarte, mit der
wir problemlos wieder nach Hause gekommen wären, aber das
wollten wir ja nicht. Würden wir es überhaupt noch rechtzeitig

nach Nizza schaffen? Bald fuhr Martina. Gott sei Dank. Es war schon dunkel. Und ich körperlich völlig am Ende. Mittlerweile war nämlich auch die zweite Kontrolllampe aufgeleuchtet. Jedes Gasgeben nervte. Irgendwann kamen wir noch bei Ruti in Schallstadt bei Freiburg an. Sie schlief schon, hatte uns aber einen mit Teelichtern erleuchteten Tisch ganz liebevoll hergerichtet hinterlassen mit Fingerfood und geöffneten Weinflaschen, wovon wir verzückt und völlig erschöpft tranken und darauf auf der Stelle einschliefen.

Ein kurzes Hallo mit Ruti am Morgen, als hätten wir uns gestern erst gesehen, nach wieviel Jahren? Wir brachten das Auto zu ihrem Schrauber, der 20 € für die Kaffeekasse nahm, aber nur in bar, bitte keine Karte, um die Fehler auszulesen und uns wissen zu lassen, dass er keine Garantie für eine Weiterfahrt übernehmen könne. Ach was?! Das war genau die Antwort, die wir brauchten, um mit über einer Stunde Rückstand wenigstens erstmal in die Schweiz zu starten. Ruti gab uns noch ihren Gedanken mit auf den Weg, sie empfände es als sehr charmant von meinem Auto, dass es meine Symptome übernähme. Das war nicht lustig! Und dann gefiel ihr „IRONMAN" gar nicht, es müsse doch IRONWOMAN heißen, besonders, wenn nur Frauen teilnehmen. In der Tat, daran hatte ich mich auch schon oft aufgehalten, aber nun keinerlei Interesse, darüber zu philosophieren.

Über die Schweizer Grenze mit Vignetten- und weit überteuertem Kaffeekauf waren wir bald vor dem Gotthardt-Tunnel. Das Anfahren am Berg vor der Tunnel-Ampel hat mir den Rest gegeben. Anfahren bzw. Gasgeben ging ja nicht. Mein Körper war komplett verkrampft. Nach der Abfahrt vom Berg fuhr Martina wieder. Ich war am Ende. Und wie wunderbar souverän dominierte sie dieses widerspenstige Ding. Bewundernswert! Ohne mit der Wimper zu zucken. Sie hatte all meinen Respekt. Bald waren wir Expertinnen in der Diagnose der Autoprobleme. Es musste das Dieseleinspritzventil se n. Mein Freund Marco meinte per Ferndiagnose, es seien vielleicht die Zündkerzen. Aber wir wussten: Ein Diesel hat keine Zündkerzen, nur Glühkerzen. Die konnten es aber natürlich nicht sein, wenn das Auto während der Fahrt zickte. Aber vieles blieb auch unbeantwortet. Hin und wieder gingen die Kontrollleuchten bergab sogar mal wieder aus. An Mailand vorbei näherten wir uns bereits dem Mittelmeer, das gefühlte Ziel. An Sanremo, meinem langjährigen Wohnort, ohne große Emotionen (keine Kraft meh- dazu) vorbei nach Nizza rein in unsere erste Unterkunft, die natürlich am Hang lag. Martina managte das Ganze vollkommen scuverän. Ich wäre mittlerweile daran verzweifelt. Mein Nervenkostüm lag brach.

5.2 Zwei Tage vorher in Nizza – ohne Pause unterwegs

Dreams cannot be cancelled steht in meiner Laufhose aus Roth

Wir suchten uns noch 6 Kilometer weit zu Fuß was zu essen. Die Luft war mir vertraut, ich fühlte mich heimisch wie gewünscht. Pasta alla Norma stand auf der Speisekarte bei einem Sizilianer, mein Lieblingsessen. Und dazu gab es ... Bier – ich mag gar kein Bier, habe mich mit Martina aber an das O,O-Bier zur Erfrischung gewöhnt. Alkoholfreies Bier gibt es in Frankreich nicht, meinte Martina. Das hat sie ihren Urlaub über in Frankreich diesen Sommer überall vermisst. Dann trinken wir eben Bier mit Alkohol. Plötzlich nach langer Abstinenz mal wieder kurz vor dem Wettkampf wie auch schon bei Ruti. Das macht ja richtig Sinn! Egal.

Die zweite Unterkunft konnten wir erst nach Startnummern- und Rucksackabholung und wieder ewigem Gelatsche durch die bekannte Innenstadt beziehen. (Das Foto von der Startnummernabholung auf S.98) Vorher musste natürlich Martina unseren Parkplatz extrem steil nach oben zur Straße hin verlassen. Das war nichts für mich, obwohl ich dort gewohnt war so zu fahren. Wir wohnten nun in der Parallelstraße zur Promenade des Anglais in einem leicht muffigen Einzimmerappartement mit Balkon zur Seite raus. Zumindest direkt über einem Café mit einzigartigen belegten Baguettes, allerlei weiteren salzigen und süßen Leckereien und bestem Kaffee noch dazu. Den Service nutzen wir ausgiebig in den Tagen. Einmal sind wir schwimmen gegangen. Das hat mir den Mut zum Schwimmen zurückgegeben. Es bereitete mir tiefe Freude im Mittelmeer zu schwimmen. Das Wasser war warm, einladend und tragend. Aber wir konnten nicht lange verweilen.

Die Tiefgarage dieser Unterkunft mit ihren langen, dunklen Gängen mochte ich gar nicht. So etwas interessiert mich normalerweise nicht, aber ich merkte daran, wie verdammt dünnhäutig ich war. Die Tage verschwimmen in der Erinnerung. Irgendwann sind wir auch durch die mir so sehr vertraute Fußgängerzone flaniert. Ich musste sogar wieder goldene Schuhe kaufen. Eine Passion, die schon sehr lange währt, jetzt aber mal zu Ende gehen könnte. Goldene Schuhe sind nämlich eigentlich überflüssig – wenn man sie nicht jeden Tag trägt.

Das Bankett

Loslassen bedeutet nicht, etwas weghaben wollen, sondern es sein zu lassen.   *Jack Kornfield*

Auf dem Weg zum Bankett habe ich Nizza noch einmal besser kennengelernt. Dieser Stadtteil, obwohl so zentral, hatte sich mir noch nicht vorgestellt. Wir kamen schon früh vor der Ausstellungshalle an. Trotzdem warteten bereits einige Frauen. Hauptsächlich Amerikanerinnen und Japanerinnen. Als wir uns direkt in die Einlassschlange einreihten, sah ich Andrea Helmuth. Ich erkannte sie sofort und bin sofort auf sie zu, um uns bekannt zu machen. Letztendlich haben wir die gesamte Veranstaltung zusammen verbracht mit ihrem Mann und einer Freundin, die auch an den Start gehen sollte, samt Freund. Andrea war sehr herzlich, erfrischend und angenehm, die andere weniger. Letztendlich haben mich beide aber noch mehr verunsichert. Die anderen hatten Erfahrungen von vielen IRONMAN, ich fühlte mich als Rookie, war ich ja auch bei der WM. Und es war mein nur mein zweiter. Nun sollte ich am nächsten Tag noch eine Radwindjacke besorgen. Noch eine zusätzliche Aufgabe! Daniela Ryf zeigte sich auf dem Podium. Der Rest der Show ging mehr oder weniger an mir vorbei. Wir waren zu sehr mit essen und reden beschäftigt. Das Einzige, was mir in Erinnerung geblieben ist: IRONMAN sponsert Schwimmkurse für Kinder. Das hätte ich ihnen gar nicht zugetraut.

5.3 Der 22. September - WM und los

Wunder erleben nur die, die an Wunder glauben. *Erich Kästner*

Genau wie mit dem Zitat alles gesagt ist, war ich ganz gelassen und ruhig unterwegs. Alles andere hätte mich wahrscheinlich Kopf und Kragen gekostet, denn meine Energien waren am Ende.

Allerdings war mir das nicht klar. Ich habe es nur intuitiv richtig-gemacht. Trotz Energiesparmodus ging es mir am Ende nicht wirklich gut. Über den Zieleinlauf konnte ich mich in dem Moment nicht freuen. Ich war zu erschöpft.

Natürlich war ich wieder vor dem Wecker wach und fast stolz, es bis hierher und zu dem Tag am richtigen Ort geschafft zu haben. Mit dem Auto eine Meisterleistung. Noch ein Kaffee, ein bisschen Müsli und noch im Dunkeln los. Wir hatten es ja nicht weit. An der Promenade des Anglais entlang an dem lauen Morgen und schon trennten sich Martinas und mein Weg. Ich checkte in den Athletinnenbereich auf Höhe der P ace Massena ein, ein bisschen fast wie in Trance, einfach immer cen anderen hinterher.

Der Start

Erkenntnis muss man sich Stück für Stück erarbeiten, sonst ist sie oft nur Einfalt.   *Giovanni di Lorenzo*

Noch im Morgengrauen vor dem Schwimmstart, als wir schon in den Startblöcken standen, verspürte ich Durst. Ja, selbst hier hatte ich mich nicht um ausreichend Wasser gekümmert. Richtig dumm. Ich war nur verwirrt. Bevor Panik deswegen aufkommen und ich mich über mich selbst ärgern konnte, sah ich neben mir eine Frau mit 3 Flaschen. Da klar war, dass sie sowieso nicht mehr alle drei austrinken könne, fragte ich, ob ich eine haben könnte, woraufhin sie erst sehr ungläubig schaute. Mit der Bemerkung, da sei „Sodium" drin, reichte sie sie mir aber. Es war mir erst nicht klar, was das sein sollte. Schaden kann es bestimmt nicht, habe ich noch gedacht und getrunken. An Salz dachte ich dabei noch und, dass im Wasser doch genug davon sei, was ich ja eigentlich nicht trinken wollte. Egal. Runter damit. Andrea Hellmuth traf ich auch gleich wieder. Sie bemerkte noch, wie großartig, viele Frauen auch in der folgenden Altersklasse noch aussahen und meinte, schon alleine deshalb sollten wir dabeibleiben. Tatsächlich sahen sie sehr gut aus, aber 70-jährige waren anscheinend nicht mehr am Start. Warum?

Schwimmen

Folge deinem Stern, sing dein Lied, leuchte in deinen Farben und du wirst sein wie das blühende Leben. *Jochen Mariss*

Und schon war die Gruppe vor uns im Wasser und schwamm gefühlt auch sofort los. Dabei wollte ich noch Aufschub und das Ganze in Ruhe verarbeiten. Weit gefehlt. Schon schwamm auch ich und wurde vom Wasser getragen. Das Wasser war warm, einladend, ein Genuss. Mein Mittelmeer eben. (Meinem Schwiegersohn hatte ich übrigens vor Jahrzehnten schon mal gesagt, er müsse meine Asche später mal über die Grenzen schmuggeln und ins Mittelmeer entsorgen, wie Opa Pierino es mit einem Freund gemacht hatte. Das hatte mich schwer beeindruckt. Ja, das war/wäre mein letzter Wille.) Und die bekannte Kulisse. Ich sah den Grund unter mir. Alles war gut, obwohl die Sonne gar nicht schien. Nochmal: mein Mittelmeer eben! Wie ich es seit Jahr-zehnten kannte. So schön. Nicht wie die Ostsee grau. Und doch anders. Denn jetzt wollte ich fast 4 km Schwimmen. Damals war ich stolz wie Oskar, als ich mich mal überwunden hatte 200 m zur Boje zu schwimmen, wahrscheinlich in einer halben Stunde.

Bald sah ich einen aalähnlichen Fisch mit rundem Kopf. Ich freute mich über die Begegnung. Früher wäre ich vor Angst erstarrt, er könne mich beißen. Die Ängste habe ich mit Freiwasserschwim-men auf den Kanaren und auch im Ratzeburger und anderen Seen überwunden, wo die Fische plötzlich harmlos wirkten. Warum so plötzlich? Die erste Boje war gefühlt sehr schnell erreicht. Es geht voran. Roland sagte damals, er habe auf Hawaii beim Schwimmen so viele bunte Fische gesehen. Ich habe jetzt auch schon einen schönen gesehen. Am Horizont war noch ein Kreuzfahrtschiff zu sehen: „Bleib bloß weg, du machst doch Wellen!" Danach zog sich das Ganze dann schon ein bisschen, eigentlich etwas früh. Aber beim Atmen nach links sah ich doch die „I love Nice-Kurve" und fühlt mich sehr zu Hause, ein gutes Gefühl von Heimat. Der Wen-depunkt war in Sicht und das gute Gefühle, die erste Runde fast geschafft zu haben. Ich musste ja nur wieder zurück zum retten-den Ufer, einmal kurz parallel schwimmen und gut. Das bekannte Ufer kam immer näher. Meine bange Frage, ob es parallel zum Ufer so fürchterlich schaukeln würde wie auf Malle, wo mir sofort schlecht wurde, wurde bald mit NEIN beantwortet. Schon ging es auf die zweite Runde. Die ganze Zeit schwammen Frauen mit verschiedensten Badekappen neben mir. Ich fühlte mich nie alleine. Also sicher. Ja, sie überholten wohl alle, aber das war mir egal. Juhu. Ich kann noch. Eine Frau fuchtelte noch vor der ersten Boje mit den Armen. Während ich mich fragte, was ich tun sollte, hörte ich eine Frau links von mir rufen: She needs help! Jemand auf einem SUP näherte sich bereits. Für sie war gesorgt, also guckte ich weiter nach vorne. Die nächste Boje schien weit entfernt, aber ich erreichte sie. Alles eine Frage der Geduld. Bis zur nächsten das gleiche Spiel, der Wendepunkt in Sicht. Unter der Wendepunktboje wurde gefilmt. Man konnte alles deutlich sehen. Danach schwamm ich mit zwei weiteren fast wieder zurück zur Boje der Hinstrecke, bemerkte meinen Fehler aber umgehend und korrigierte den Kurs, Ja, auf einem Seminar der Triathlonunion SH hatte ich mal gelernt: Orientiere dich immer selbst an festen Uferpunkten, wohin du schwimmen willst anstatt an der Nebenfrau. Eigentlich sah ich keine Boje mehr. Die Brille war beschlagen? Später wurde mir erzählt, dass die Wellen doch sehr hoch waren. Das habe ich gar nicht wahrgenommen, sondern mich nur gewundert, dass ich nichts mehr sehen konnte. Ich war beschäftigt irgendwie voranzukommen. Es wurde noch mühseliger, aber ich wusste ja, ich muss nur noch zurück. Es war im Grunde doch schon geschafft! Wunderbar. Und es war wirklich schön. Ich hatte kein Wasser geschluckt, sondern wurde vom Wasser getragen. Zu viel Panik im Voraus unberechtigterweise. Die Zeit war mir sowieso egal. Und es waren immer viele Frauen um mich herum. Nein, ich war nie die Letzte, sondern immer gut begleitet. Alles gut. Und schon konnte ich wieder Fische unter mir sehen. Und das Ufer kam immer näher. Es war doch gleich geschafft. Das Wasser wurde schon ganz hell von den nahen weißen Steinen unter Wasser. Ich wurde gegriffen und rausgezogen. An Land laufen konnte ich alleine. Mir war gar nicht schwindelig und der Neo ließ sich schon gut abstreifen. Ein bisschen hatte das Ganze schon an den Kräften gezerrt, aber ich habe mich in Ruhe umgezogen und freute mich aufs Radfahren. Das Schwimmen war viel schöner als erwartet und auf jeden Fall besser als in Hamburg. Mittelmeer besser als Alster. Na klar!

Radfahren

Sei niemals hastig, tu alles beschaulich mit gelassenem Sinn.

Franz von Sales

Noch auf der Promenade des Anglais habe ich mich auf den Aufleger gelegt und bin entspannt, voller Dankbarkeit und Glück rausgefahren. (Das Coverfoto ist dort entstanden.) Ich wollte mein Pulver nicht sofort verschießen, sondern Kräfte sparen. Gleich nach dem Airport ging es plötzlich so steil bergauf, dass einige Frauen direkt absteigen mussten. War die Kette abgesprungen? Was war los? Keine Zeit genauer zu gucken, ich musste auch irgendwie da hoch. Ouh. Danach ging es zwar immer bergauf, aber alles gar nicht so dramatisch, immer auch wieder kurze Passagen runter. Irgendwann konnte ich gut runtergucken und sah, dass wir schon sehr an Höhe gewonnen hatten. Und ich wartete immer noch auf den extremen Anstieg, der nicht fahrbar sein sollte, aber nichts kam. Vence lag wohl auch schon lange hinter mir. Im Museum in St. Paul de Vence hatte ich mal zufällig einen Hamburger Künstler und Professor getroffen. Jetzt fehlte mir die Orientierung. Es ging bergauf. Ich war zu beschäftigt, um wahrzunehmen, erinnern und zu genießen.

Das internationale Flair mit Frauen aus der ganzen Welt war beeindruckend. Und alle hatten dasselbe Ziel und waren vor dieser Herausforderung gleich. Gut, die Profis auf jeden Fall eine andere Liga. Es gab natürlich auch richtig gute Altersklassenathletinnen, aber auch solche normal Sterblichen, die das zweite Mal wie ich einen IRONMAN finishen wollten. Übrigens hatte ich einige Stimmen vernommen, die lieber eine Ironwoman sein wollten als ein IRONMAN unabhängig von Alter und Nation. Manche trugen ihre Herkunft auf dem Trikot. Brasilianerinnen, Mexikanerinnen, Portugiesinnen.

Bestimmt viermal bekam ich Komplimente wegen meines Triathlon-Tattoos, den drei stilisierten Disziplinen auf meiner linken Wade, wobei das Radsymbol mittlerweile mit einem Motorrad zu verwechseln wäre. Auch mein Outfit passe perfekt zum Rad. Im

Traum wäre ich nicht auf die Idee gekommen, es zu bemerken geschweige denn, eine andere Frau darauf anzusprechen. Das ist mir auch noch nie vorher passiert. War das typisch weiblich? Schöne Dinge zu bemerken und sie zu formulieren? Mir sind sogar operierte Frauen aufgefallen. Im Gesicht und an den Brüsten. Das hätte ich vorher nie vermutet, dass sportliche Frauen so etwas nötig haben. Habe ich Vorurteile, wenn ich mich frage, ob das Amerikanerinnen waren. Ja, vielleicht hat das aber mit einem allgemeinen Selbstoptimierungswahn zu tun.

Irgendwann sah man dann doch nur noch Anstiege und einen offiziellen Fotopunkt, ach so, nicht vom IRONMAN. Der Pass war nah. Puh, geschafft. Und jetzt Hochplateau. Aber es ging runter und auch wieder rauf. Und oben gab es immer mehr Gegenwind. Aber 80 km waren geschafft, auch 100 km, im Wechselbeutel war mein Brötchen, auf das ich mich so gefreut hatte. Ja, ein Brötchen und nicht nur diesen widerlichen Süßkram. Ich wollte keinen Süßkram. Igitt. Ich hatte meine Guave-Stückchen dabei. Auch süß, aber natürlich nicht so hochgezüchtete Kohlenhydrate, von denen mir in Hamburg schlecht geworden ist. Da wusste ich noch nicht, dass sie vielleicht doch gut waren! Irgendwann bin ich sogar mal zum Pinkeln aufs Dixie gegangen. Es gab eigentlich ständig Kilometer- und Meilen-Markierungen, aber merkwürdigerweise waren sie mir egal. Beim Marathon war jeder offiziell geschaffte Kilometer beruhigend, hier war es sowieso noch weit, also egal.

Plötzlich ging es nach einer Linkskurve runter. Ich sah andere wieder hochkommen. Aha, eine Wendepunktstrecke. Runter habe ich versucht, noch dazu reinzutreten und beim Aufstieg habe ich mein Käse-Brötchen gegessen. Eine ältere Frau am Wegesrand, vielleicht war sie Streckenposten, lächelte mir zu. Es waren nirgends Menschen außer uns unterwegs. Wir waren in der Einöde. Es war bedeckt, fast schon norddeutsch grau in grau. Besonders in Erinnerung geblieben sind mir Kühe, die sich am hellen Tag liegend ausgeruht haben. Plötzlich stand ein Mann am Wegesrand. Mitten in dieser Einöde stand ein Restaurant zum Verkauf. Ist er der Inhaber? Wer traut sich da denn hin, um eine neue Aktivität zu beginnen? Der Verkauf könnte schwer werden. Touristen kommen da oben wohl eher nicht vorbei. Zwischendurch ging es immer mal wieder ein bisschen wohltuend bergab, aber irgendwann auch wieder ewig steil bergauf. Damit hatte ich nicht mehr gerechnet. Doch, bei näherem Nachdenken war klar, dass vor der Abfahrt noch eine steile Steigung kommen sollte,

Hätte die endgültige Abfahrt nicht schon längst beginnen müssen? War Kilometer 120 nicht schon durch? Ich erinnere mich nicht an Kilometermarkierungen. Sie waren da, ja, aber sie entlockten mir immer noch keine Emotionen. Nach einem Kreisverkehr ging es langsam bergab. Wir waren noch auf 1200HM. Es wurde frischer und ich dachte, es wäre mal besser anzuhalten und mir die Jacke anzuziehen. Nach nicht allzu langer Zeit habe ich sie wieder ausgezogen, weil es dann doch wieder bergauf ging. Gefühlt ging es ständig hoch und runter. Und der ganze Stress mit der neuen Jacke war überflüssig und hat Zeit und Energie gekostet. Aber jetzt mag ich sie. Eine schöne Erinnerung. Und dann ging es wirklich sehr bergab. Auch das schöne Bild mit den Felsen habe ich gesehen. Aber ich hatte keine Angst abzufahren, sondern genoss es. Wahrscheinlich hatte ich mit Eryka im Sauerland noch schnell gelernt, die Abfahrten zu genießen. Öfter stand ein Schild auf der Straße, man solle abbremsen. Gefährlich. Aber ich war schon langsam genug und konnte weiter reintreten. Für meine Verhältnisse eine rasante, gute Abfahrt. An der wohl letzten Verpflegungsstelle habe ich noch schnell eine Elektrolytflasche gegriffen. Nicht um zu trinken. Ich wollte sie als Andenken mitnehmen. Da ist mir aufgefallen: ich hatte seit ewiger Zeit keine Kohlenhydrate mehr genommen und auch nicht richtig getrunken. Das Käsebrötchen verursachte immer noch Blähungen.

Und dann war Nice Airport in Sicht. Aufatmen. Zu Hause. Kurz vor dem Ende der Radstrecke auf der langen Geraden Promenade des Anglais merkte ich, nicht mehr richtig treten zu können. Ich wunderte mich. Was ist das? Es beunruhigte mich nur kurz, ich war im Modus, immer weiterzumachen. Und ich habe ich mich verhalten gefreut, den zweiten Part endlich geschafft zu haben.

Für mehr Emotionen war keine Kraft da. Eher für Gleichgültigkeit. Ja, die Strecke war machbar. Hatte ich zu viel Respekt gehabt? Martina stand am Radstreckenende und rief mir zu, dass ich drei Minuten vor dem Cut off da war. Was? Wieso? Nach mir kamen doch noch so viele! Ich war lange nicht die letzte. Nicht auszudenken, wie die sich fühlen sollten, nicht auf die Laufstrecke zu kommen. Und ich war enttäuscht. Ich hatte zwar nicht auf die Uhr geguckt, aber anscheinend hatte ich ja sehr lange gebraucht. So lahm hatte ich mich auch wieder nicht gefühlt.

Laufen

Ich weiß nicht, ob es gut ist oder schlecht, aber es ist mir auch egal, ich mache auf jeden Fall weiter.   *Alberto Giacometti*

In der Wechselzone vor dem Laufen wurde mir deutlich, dass ich weiterhin im Einteiler hätte laufen sollen. Das ewige Umziehen kostet zu viel Zeit und Kraft. Nun musste ich mir die dick gepolsterte Radhose ausziehen, weil darin kein Laufen möglich gewesen wäre. Ich hatte meine ältesten Laufklamotten eingepackt, damit nichts scheuern kann, aber wie sah ich damit aus? Alle waren gefühlt schick unterwegs, ich wie das hässliche Entlein. Und das Schlimmste: schon beim Radfahren hatte ich bemerkt, dass ich die Startnummer in dem Rad-Beutel vergessen hatte. Auf dem Rad schien es niemanden zu stören, dass keine Nummer da war.

Das Problem hatte ich sofort wieder verdrängt. Jetzt stellte es sich aber. Da ich nicht wusste, wohin mit der zweiten Startnummer, ich dachte ja, ich nutze die ganze Zeit die im Radbeutel, habe ich sie vorsichtshalber einfach in den Laufbeutel gelegt und dachte dabei noch, es sei komplett überflüssig. Gott sei Dank hatte ich sie einfach da reingelegt, aber natürlich ohne Startnummernband, obwohl ich noch ein zweites gehabt hätte. Also, was bliebe mir anderes über, habe ich die Startnummer einfach in die Hand genommen. Furchtbar! Das Umziehen dauerte mir viel zu lange, gleichzeitig war es mir egal. Was natürlich jeglicher Logik entbehrt. Kurz vor der Laufstrecke sagte mir ein Helfer/Kampfrichter (?) auf Französisch (?), dass ich ohne befestigte Startnummer nicht auf die Strecke könne. Ich fühlte eine unglaubliche Wut aufsteigen. Gleich würde ich ihn weg boxen und ihm auf irgendeiner Sprache sehr laut entgegenschleudern: „Weißt du eigentlich, wieviel ich für diesen Tag bezahlt habe? Und du willst mich stoppen?" Stattdessen bückte ich mich wie durch plötzliche Eingebung und nahm in – vermeintlicher - Seelenruhe die Sicherheitsnadel vom Transponderband ab und befestigte sie an Shirt und Startnummer und steckte die andere Seite der Startnummer in die Hose. Mit einem hochnäsigen Grinsen wahrscheinlich, das Problem zur Genüge gelöst zu haben, lief ich unaufhaltbar an ihm vorbei.

Wohl nur zwei Minuten später war mir klar, dass ich nicht mehr konnte oder wollte. Das war alles zu viel Stress auf einmal. Der Fakt, dass ich erst kurz vor dem Rad Cut-off da war, drang auch erst nochmal richtig in mein Hirn ein. Vorher hatte ich mich gar nicht so schlecht gefühlt. Es war alles gemütlich. Ja, toll, wahrscheinlich zu gemächlich. Bis dahin war ich gar nicht auf die Idee gekommen, zu spät sein zu können. Enttäuschung und plötzliche völlige Kraftlosigkeit. Aber aufgeben war keine Option. Niemals. Nein. Ich wollte doch die Medaille mitnehmen! Und sicherlich gab es noch ein Finishershirt. Das wollte ich ach habe. Das hatte ich schließlich doch auch bezahlt. Ich war doch nicht umsonst gekommen. Ich hatte aber auch Angst vor den Fußschmerzen und fühlte mich (ich entschuldige mich für das abfällige Wort) wie ein Penner mit dem alten Laufshirt, auf dem auch noch stand „You better run" (Was für eine Ironie! Ich wollte doch nicht mehr laufen! Und andere wollen diese Klugscheißer-Sprüche auch nicht lesen) und der in die Hose gestopften Startnummer. Auch das noch. Ich hätte gerne geheult - und mich am besten bemitleidet. Aber selbst dazu war ich nicht mehr in der Lage.

Ich musste weitermachen. Nur das wusste ich noch. Ein paar Kilometer, vielleicht wirklich 2 gingen mehr schlecht als recht, bis ich schon gehen wollte. Ich hatte auch einen trockenen Mund. War ich dehydriert? Ich hatte keine Kraft mehr und konnte mich kaum am Anblick des Negresco erfreuen. Ich hatte mir vorgenommen, mich immer am Anblick des Negresco auf der Strecke zu erfreuen, das mir vor 40 Jahren als das beste Hotel vor Ort gezeigt wurde. Ich wollte mich vielleicht auch noch freuen, aber es gelang mir schon auf dem ersten von 4 Hinwegen nicht. Die gesamte Strecke ging einfach emotionslos an mir vorbei oder ich an ihr. Ganz wenig erinnere ich 4 Wochen später, als ich versuche, mich an die Laufstrecke zu erinnern. Doch: „Good job" und „You can do it", hörte ich bestimmt 500 Mal. Und diese amerikanischen Worte werde ich meinen Lebtag nicht vergessen.

Wie oft habe ich auf dem Fußweg neben dem Airport gedacht, dass ich dort schon oft vorbeigelaufen bin? Alle vier Male oder sogar 8, die ich dort vorbeigekommen bin? Dass ich den Nizza-Marathon mal noch ganz euphorisch auf den ersten Kilometern auf der Promenade des Anglais gelaufen bin, habe ich merkwürdigerweise nicht einmal gedacht.

Viele Gruppen standen unermüdlich Stunde um Stunde zum Anfeuern am Straßenrand. Doch, sie haben die Stimmung gehoben. Wie haben sie sich angestrengt, jede einzelne von uns am Leben zu erhalten. Auf der letzten Runde war niemand mehr da. Nur Julia Umlandt, die bei mir zu Hause das schöne Video gedreht hatte, stand plötzlich am Straßenrand kurz vor dem Ziel. Irgendwie freute ich mich sie zu sehen, gleichzeitig war ich unsicher, ob sie mich wieder filmen würde. Sie hatte extra auf mich gewartet und mich den gesamten Tag getrackt. Das wunderte mich, ich fühlte mich unwichtig und verzweifelt und wollte gar nichts mehr sagen. Lieber weinen, dass ich immer noch nicht im Ziel war. Gar nichts wollte ich mehr sagen, nur noch ins Ziel, dass weit weg schien, obwohl es kein Kilometer mehr war. Ich wusste gar nichts mehr, ich hatte keine Emotionen mehr und hab doch irgendetwas gefaselt, was auch im Video erschienen ist. https://www.youtube.com/watch?v=fZsHw3UifZ4

Ich war am Ende und gleich auch mit der Veranstaltung IRONMAN World Championship Nice. Ich war froh, endlich weiter zum Ziel zu kommen. Nie in meinem Leben hätte ich so eine Marathonzeit überhaupt für möglich gehalten. Aber an dem Abend gab es keine Zeiten für mich. Die waren nicht relevant. Ich habe sie nicht wahrgenommen, konnte auch wie immer nicht rechnen. Die Zeit war ausgesetzt. Es zählte nur, ins Ziel zu kommen. Und bis zum nächsten Tag oder vielleicht hatte Martina mich im Ziel schon aufgeklärt, wusste ich noch nicht einmal, dass es ein DNC gibt bzw. 17 Stunden die offizielle Zielzeit war. Ich war wie in Hamburg zwei Minuten nach der vollen Stunde da. Ach ja, ich wollte immer wieder anlaufen, bis mir ein Kampfrichter auf der letzten Runde sagte, es sei doch noch genug Zeit. Kein Stress. Nee, wozu? Habe ich jetzt einen Schuldigen gefunden? Nein, ich hätte mich vielleicht vorher mal mit dem Thema auseinandersetzen können. Und ist es nicht völlig egal?

Zeit hin oder her. Wie furchtbar fand ich damals Marcos Enttäu-schung nach 3:01 beim Marathon in Hamburg im Ziel zu sein! 2:59 oder 3:01? Ich fand immer, er hätte sich über die gute Zeit freuen können. Und obwohl ich so unendlich erschöpft und emotionslos war, freute ich mich doch ganz unterschwellig meine Medaille, das Handtuch, eine Cappy und das Shirt mitnehmen zu können. Ich hatte gefinisht! Daran hatte ich merkwürdigerweise nie den leisesten Zweifel. Ende gut, alles gut. Im Nachhinein erstarre ich jetzt manchmal in Ehrfurcht oder besser gesagt in Demut: es hätte ja tatsächlich auch anders enden können – was mir merk-würdigerweise niemals in den Sinn gekommen ist.

Ziel

Wünsche dir nicht, dass es einfach wäre. Wünsche dir, dass du besser darin wirst. *Jim Rohn*

Wollte ich nicht tanzen im Ziel? Konnte ich nicht. Ich wollte nur schnell noch weiter ... Weg, raus aus dem Spektakel. Ins Bett. Zur Finisher-Shirt-Ausgabe wurde ich noch offiziell begleitet. Un-spektakulär. Aber das Shirt doch nice. Dann sollte nur noch mein Rad mit mir, alle meine Sachen und ab ins Bett. Aber ich musste nochmal offiziell auschecken, noch eine Extrarunde gehen. Oh nein. Und zur Zielverpflegung. Aber bitte ohne Rad. Ich konnte es nicht mehr schieben. Das hat Martina für mich übernommen. Ich konnte gar nichts mehr. Es gab nichts zu essen, was mich interes-siert hätte. Ich wollte nur ins Bett. Mir fiel der Rückweg schwer.

Ich konnte kaum noch gehen, wollte nur ins Bett (ja, ich weiß, ich wiederhole mich), wo ich dann auch irgendwann war und gefühlt innerhalb von Sekunden eingeschlafen war. Noch nie hatte ich mich so dermaßen auf die Horizontale gefreut. Das Einfachste kann in Extremsituationen zum größten Glück werden. (Das Zielfoto ist auf Seite 98 abgebildet.)

Der Zieleinlauf als Video hier: https://www.schreibtherapie-und-coaching.de/sportliche-erfolge

Beim Schreiben kommen mir jetzt endlich die Tränen: es war so furchtbar anstrengend ins Ziel zu kommen. Das kann sich niemand vorstellen, der noch nie so lange unterwegs war. Hamburg war ein Kinderspiel dagegen.

5.4 Die Rückfahrt – Horror ohne Ende

I am allowed to feel like shit sometimes   Kalenderspruch

Nach vier Stunden Schlaf wurde ich von monotonen, dumpfen Geräuschen wach. Martina schlief noch. Wolkenbruch. Es schüttete wie aus Eimern. Pures Entsetzen. Wie konnte es so aus heiterem Himmel schütten? Wäre das gestern schon passiert, wäre der Tag im Drama geendet. Ich war schlagartig so unendlich dankbar über den vergangenen Tag, wie er war. Mit dem Wetter. Ich wollte mir den Wolkenbruch nicht ausmalen auf dem Rad in den

Bergen oder beim Gehen auf der Promenade des Anglais. Alles war gut, wie es war. Ein regelrechter Schock, wie es auch hätte sein können. Wirklich unendliche Dankbarkeit. Wir haben noch einen schnellen Kaffee genommen und waren in null Komma nichts ausgecheckt. Die herzensgute Schwarze, die uns empfangen hatte, nahm uns den Schlüssel wieder ab und begleitete uns in die Tiefgarage, in die es reinregnete. Bloß schnell wieder raus da. Die nächste Erinnerung: vorbei an der Expo, wo es den rosa Hoodie von Lulemon gab, den ich so gerne gehabt hätte, aber zu geizig war, ihn mitzunehmen. Außerdem sollte er hinterher eine Belohnung sein. Aber jetzt keine Zeit, keine Lust ihn zu holen. Es schüttete. (Normalerweise sind mir Klamotten nicht so wichtig und so teure erst recht nicht, aber diesen wollte ich immer wieder auf der IRONMAN Site bestellen. Es war nicht möglich. Aber irgendwann schickte Martina mir den Link von einem blauen, auf dem sogar noch Finisher stand. Er war sofort bestellt und ich liebe ihn.) Und schon waren wir bei der letzten Tankstelle vor der Autobahn. Tanken, Martina übernahm das, und ab nach Hause. Es schüttete immer noch furchtbar.

Es wurde vor Überschwemmungen auf der Autobahn in Italien gewarnt. Wir waren noch mehr gestresst. Nicht nur das kaputte Auto, was jeden Moment stehen bleiben konnte, sondern auch noch Weltuntergang dazu. Es regte stark. Und in Italien wurde es tatsächlich noch schlimmer. Stellenweise standen 30 cm Wasser auf der Fahrbahn. Man konnte nur ganz langsam fahren. Dann klatschten Wassermassen auf die Windschutzscheibe. Ich war so froh, dass Martina fuhr. Ich hätte es nicht gekonnt. Als sonst gute Fahrerin sah ich mich jetzt noch nicht einmal mehr in der Lage Auto zu fahren. Martina zog es dagegen unerschrocken durch. Richtig gut. Und schon waren wir zügig an Milano vorbei. Es hörte auf zu regnen. Und wir waren auf einer Raststätte in der Schweiz. Ja, es gab Grenzkontrollen. Alle fuhren langsam zweispurig in die Schweiz, aber niemand wurde angehalten. Also doch nicht? Auf der Raststätte kostete der Kaffee wieder 8 €. Egal. Ich lernte zu akzeptieren. Keine Kraft für Auflehnung. Durch den Gotthard. Das Auto fuhr. Und irgendwann auch wieder raus aus der Schweiz. Es war nicht mehr weit bis zu Ruti. Sie nannte uns die Adresse einer Besenwirtschaft. Ich freute mich auf das Event. Ich mag Besenwirtschaften und bestellte mir zur Feier einen Wein. Den ich leider nicht trinken konnte. Er schmeckte mir nicht. Ich bekam Sodbrennen. Er schmeckte nach Essig. Mir ging es nicht gut. Und auch das Essen war ekelig. Nie habe ich mich vor Essen geekelt. Ich esse alles und gerne. Aber Wurstsalat? Etwas Regionales. Ja. Aber heute: Ekelhaft.

Bei Ruti und ihrer 90-jährigen Mutter Gudel war es entspannter. Von einem Foto weiß ich; wir haben gelacht. Aber natürlich musste Ruti auch die Weisheit noch loswerden, dass man auch ohne IRONMAN auf Hawaii Urlaub machen könne. Das hatte sich mir bis dahin noch nicht erschlossen, wirkte aber logisch, nur noch nicht im Bereich meiner Möglichkeiten. Am Ende des Tages bin ich unendlich dankbar über ein Ehebett im Keller, in dem ich schlafen durfte. Martina schlief in einem der 4 Doppelstockbetten für die vielen Enkel, die zu Besuch kommen. Und schon ging es nach einem Frühstück mit der 90-jährigen Gudel, die sich so sehr darüber uns als Gäste umsorgen zu dürfen, wieder weiter Richtung Norden. Eine Raststätte, wo es neben Diesel wieder Kaffee und Twix und anderes furchtbares Zeug gab, das ich im wirklichen Leben niemals essen würde. Das Auto fuhr immer noch. Vorbei an Frankfurt. Telefonate mit Werkstätten. So sollte das Auto nicht bleiben. Was kam dann noch? Ankunft in der Geniner Str. bei Martina. Wir waren so lange und intensiv zusammen durch Wasser, Berge hoch und runtergefahren. Und jetzt sollte ich alleine weiter? Mit kaputtem Auto. Fuhr es nicht noch schlechter? Ich hatte noch mehr Angst liegen zu bleiben.

Krank

Es ist besser, ein kleines Licht anzuzünden, als über die Dunkelheit zu schimpfen.
Laotse

Kaum zu Hause brach ein schrecklicher Durchfall über mich herein. War ich vielleicht während des Wettkampfes schon krank, dass ich keine Kraft mehr hatte zu laufen? Ich konnte die Pizza am Abend vor dem IRONMAN nicht aufessen. Sie war mir zu fettig. Solche Aversionen gegen leckeres Essen — und die Pizza schmeckte hervorragend - kenne ich gar nicht. Ich habe sie mir einpacken lassen und vor dem Wettkampf morgens noch einmal abgebissen und in der Nacht den Rest davon gegessen. Auf dem Hochplateau beim Radfahren ist mir aufgefallen, dass ich ständig pupsen musste. Ich hatte richtig Blähungen. Das ist doch auch nicht normal! Ich war aber zu beschäftigt, dem eine Bedeutung beizumessen. Am Tag nach dem Wettkampf wieder in Freiburg fand ich das Abendessen ekelhaft, obwohl ich mich so sehr auf die „Strauße" mit ihren regionalen Produkten gefreut hatte. Ungewöhnlich auch das. Wahrscheinlich hätte ich Nizza locker weggesteckt, aber die Gesamtbelastung war einfach zu viel. Ich hatte eine Woche danach noch Durchfall, Magenschmerzen und Kotzgefühle und über 2 Kilo abgenommen. Endlich war mein Bauch verschwunden, aber gut fühlte ich mich nicht. Gearbeitet habe ich trotzdem.

Männer fand ich direkt nach der Fahrt merkwürdig. Weil die letzten Tage so frauendominiert waren? Einige mussten die zwei Minuten unterstreichen, die ich zu spät im Ziel war, um gewertet zu werden. Das schien mir typisch männlich. Aber es gibt auch Frauen, die das einfach nachplappern. Die Krankheit tat das ihre. Im Fieberwahn war ich nicht, aber ich hatte das Gefühl, mit dem Ideengeber für die Mission – die natürlich letztendlich natürlich meine war – endgültig abgeschlossen zu haben. Ja, nach Nizza ging es mir lange nicht gut. Die wenigen Tage wirkten ausgiebig nach.

6. MIT ABSTAND – ERFAHRUNG BRAUCHT ZEIT

Wenn du nicht bekommst, was du wolltest, nenn es Erfahrung!
Unbekannt

Nach dem Riesen-Event, und das war es physisch und psychisch, habe ich mich 2 Monate kaum bewegt und nur geschrieben. Eine junge Ärztin und Schwimmerin aus Madrid, mit der ich im November 2024 2 Wochen auf Lanzarote zusammen in einer Villa lebte, antworte auf mein Statement hin, dass Nizza nicht so gut gelaufen ist, dass es letztendlich doch egal sei, wie große Wettkämpfe laufen, weil wir ja schon während des Trainings dafür sehr viel lernen und viele schöne Momente hatten. Das hat sie sehr klar formuliert. Und dem kann ich nur zustimmen. Ja, während der vergangenen 3 Jahre, und über diesen Zeitraum erstreckt sich das Buch, von Anfang 2022 bis Ende 2024, habe ich wirklich erstaunlich viel gelernt. Das begreife ich jetzt erst richtig. Und dafür bin ich so unglaublich dankbar. Ich konnte zuerst kaum angstfrei mit Klickpedalen fahren. Da denke ich jetzt gar nicht mehr dran. Abfahrten machten mir Angst. Die hält sich jetzt in Grenzen. Und ich gehe sogar gerne ins Wasser. Und noch vieles mehr.

Und wie viele massenhaft großartige Flow-Momente hatte ich nicht nur während des Trainings, sondern sogar noch beim

Schwimmen und Radfahren in Nizza? Flow-Momente machen nach neuster Forschung gesund. Wenn du gar nicht mehr bewusst wahrnimmst, was du tust, sondern nur unterwegs bist, eins mit der Natur ohne Gedanken. Unzählbar waren die Flowmomente auf Malle, in Meck Pomm, an der Ostsee, auf Lanzarote, am Bodensee, im Sauerland, rund um Lüneburg, überall und immer wieder im Ratzeburger See. Diese Momente will ich weiterhin so oder so kultivieren und niemals missen. Mit Ziel, für das man trainiert, ist es natürlich einfacher im Flow zu bleiben. Mit kontinuierlichem Üben dafür erreichst du das Vertrauen und die Gelassenheit, um den Flow zu erleben. Flow entsteht, wenn du dich nicht anstrengst, sondern einfach machst. Also, lass los und mach deinen Sport, genieß ihn ohne Erwartungen.

Insgeheim hatte ich mir eine entspannte Reise nach Nizza inclusive IRONMAN gewünscht – etwas unrealistisch -, aber stattdessen wertvolle Erfahrungen gesammelt. Es hat nur gedauert, sie zu erkennen.

Tage nach Nizza hatte ich mich gefragt, ob ich jemals wieder Lust bekommen würde zu laufen. Man soll ja niemals nie sagen, aber als ich den Berlin-Marathon den Sonntag drauf im Fernsehen verfolgt habe, wusste ich, dass ich ihn nie wieder laufen werde. Zusammen mit der großen Nizza-Mission habe ich mit weiteren Teilen meiner Vergangenheit abgeschlossen, auch der besonderen

Beziehung zu Berlin, die durch den Menschen, der mich zum IRO-NMAN inspiriert hat, geprägt wurde.

Zwölf Tage später, einen Tag nach dem Wiedervereinigungsfeiertag, sitze ich mit einer lieben Kollegin beim Cappuccino in der Stadt vor einem Café in der Sonne. Der Kopf ist frei, keinerlei Verpflichtungen neben der Arbeit sind mehr da, kein Trainingsdruck, nichts. Ich weiß, dass ich „Nizza" noch schriftlich verarbeiten, mich wieder freischreiben muss, aber selbst das geht nur langsam von der Hand. Das Leben genießen. Mehr steht nicht auf dem Plan. Im Oktober die Mittagssonne genießen, ein Unterfangen, das sich letztendlich mit verschiedenen netten Menschen, die ich lange kenne und die gerade zufällig vorbeikommen bis nach 16 Uhr hinzieht. Unaufgeregt plaudern, Verabredungen für die Zukunft treffen, Klönschnacks abhalten. Herrlich. Das Leben wirkt mediterraner als in Nizza. Eis von schwarzer Johannisbeere mit Stückchen der Schale. Köstlich. Eine wahre Gaumenfreude. Eine Kugel Rhabarbereis geht später auch noch. Mineralwasser muss noch her, der Mund wird trocken.

Während einer Viertelstunde, die ich alleine dort sitze, beschließe ich, sehr zeitnah zum Tätowierer zu gehen. Die Aktion IRONMAN 2024 mit Hamburg und Nizza soll offensichtlich mit ins Grab. Sie gehört jetzt als ganz großes Unterfangen zu meinem Leben dazu. Da sollte erstmal ein Punkt gesetzt und das Ganze gebührend gewürdigt werden. Doch leise meldet sich eine Stimme:

Du wolltest doch nach Hawaii! Ja, möchte ich bestimmt noch, aber der Zeitpunkt zum Planen ist noch nicht da. Und selbst das genieße ich. Es ist noch gar nichts vorbestimmt. Es gibt noch keinen weiteren Plan, nur eine vage Wunschvorstellung. Und das ist gut so.

Drei Wochen danach höre ich in einem Triathlonvideo: Das Scheitern ist schon vorher im Kopf abgespeichert: In der Tat hatte ich immer gesagt, ich wolle keine Weltmeisterin werden, sondern mich nur dafür qualifizieren. Lange vor Nizza hatte ich immer gesagt, dass dort nur der olympische Gedanke zählt und ich auch letzte werden kann. Genau. Und ich war Finisherin. Also: mission completed. Von DNC hatte ich vorher noch nicht einmal gehört. Und dass die ganze Aktion so anstrengend werden würde, hätte ich nicht vermutet. Aber das trage ich jetzt mit Fassung. Ich war dabei. Das zählt. Und darauf bin ich langsam stolz.

Die 3. in der Agegroup 30-35, eine Deutsche, ist den Tag zuvor noch 100 km gefahren. Ohne die Zustimmung ihres Trainers und locker natürlich. Als ich das las, war mir klar, dass ich einfach zu wenig trainiert hatte. Ich hatte mich zwei Wochen vorher eigentlich gar nicht mehr bewegt, um mich auszuruhen. Ich hatte ja auch keine Trainerin, die mir hätte sagen können, wie es geht. Ich mache die Dinge ohne groß nachzudenken. Das ist wohl nicht immer von Vorteil.

Am Sonntag, den 6.10. bin ich das erste Mal wieder gelaufen. Es ging eigentlich ganz gut. Auch ein Kilometer unter 6 min war dabei, weil ich kurz mit anderen Triathleten zusammen gelaufen bin, die mir unterwegs gratulierten. Danach bin ich noch fast 60 Kilometer mit dem Rad zur Ostsee gefahren. (wenn das Mittelmeer nicht da ist) Drei Tag später sagte meine Garmin als Vorschlag zum Laufen: Erholung! Und tatsächlich: Es fiel mir schwer, 4 Kilometer ganz langsam zu laufen. Ich war absolut runtergerockt.

Plötzlich erinnere ich mich, wie ich 2004 zufällig mit einem Bauhaus-Fahrrad für 99 € in Ungarn von unserer 30 km entfernten Unterkunft an den Plattensee gefahren bin. Ein bisschen mit dem Rad durch die Gegend zu fahren, gefiel mir also schon zu der Zeit. Deshalb durfte das Rad auf dem Wohnmobil mit. Und mir eröffnete sich direkt am Plattensee ein herrliches Spektakel. Eine große Menschenmenge war zum Zugucken da. Ich begriff erst ganz langsam, dass es sich um einen Triathlon handelte. Ich wurde Zeugin, wie Schwimmer aus dem Plattensee kamen und später auf dem Rad vorbeisausten. Da kam die Idee, dass ich bei so einem coolen Event auch mal teilnehmen wollte. Bis heute weiß ich nicht, um was für eine Distanz es sich dort handelte. Das war nicht wichtig. Ich wollte das Laufen mit Radfahren und Schwimmen verbinden und daraus einen Wettkampf machen. Nur zu laufen, erschien mir schon da zu einseitig.

Mitte Oktober noch bin ich nach insgesamt 11 langsam gelaufenen Kilometern in der Woche ohne etwas Anderes gemacht zu haben nach Garmin: erschöpft. Als ich dachte, wenigstens mal 10000 Schritte am Tag zu gehen, sagte mir mein Garmin, ich könne mich nicht erholen, weil ich zu viel getan habe: Ein bisschen gehen? Da frage ich mich doch langsam, ob ich ernsthaft krank bin. Auch beim Yoga kann ich mich gar nicht konzentrieren. Nizza hat wohl doch mal richtig Spuren hinterlassen. Am 20.10. war ich erleichtert, in keiner Staffel beim Lübeck-Marathon mitlaufen zu müssen. Ich hatte nicht die geringste Lust, nur 4,12 km bei einer Veranstaltung zu laufen.

Am 21.10., einem Montag, ziemlich genau einen Monat nach Nizza, habe ich mir das Tattoo, das bunte IRONMAN „M" der Frauen WM, stechen lassen. (Das Foto dazu auf Seite 98) Ursprünglich sollte Hamburg und Nizza und das Jahr 2024 mitverewigt werden. Aber weniger ist manchmal mehr. Ich werde das Jahr 2024 sowieso nie vergessen. Obwohl ich sonst nie etwas auf Facebook poste, habe ich das Bild des Tattoos in die Gruppe IRONMAN Tattoos gestellt. Ein amerikanischer Kommentar besagte, dass es doch sehr „nice" sei, es gefalle ihm sehr, nur wisse er nicht, zu welchem Rennen es gehöre. Die Antwort hat jemand kurz und knapp darunter gegeben: „Nice".

Noch nie hatte ich die Rückmeldungen meiner Uhr gesehen, die sich im Oktober und November noch präsentieren sollten. Sonst gab es nur Formerhalt oder –aufbau. Jetzt hieß es erschöpft, obwohl ich nichts gemacht hatte oder unproduktiv. Dann mit wieder 25 km lockerer Bewegung auf dem Rad und am nächsten Tag 60, reagierte die Uhr sofort mit: Überlastet. Das war der Tag der Männer IRONMAN WM auf Hawaii. Also selbst Ende Oktober fühlte ich mich noch nicht wieder wie vorher. Aber wie sollte es auch? Das Leben war doch ein anderes nach der Erfahrung. Nach einer Reise kommt man nie gleich zurück.

Erst in der zweiten Novemberwoche auf Lanzarote kam wieder Formaufbau. Aber ich habe mich dort weiterhin bewusst ausgeruht und am Buch, an der Verarbeitung, geschrieben. Erschöpfung wollte ich unbedingt vermeiden und bin so wenig geradelt wie noch nie dort.

Bevor ich jetzt zu den Lerneffekten übergehe, mochte ich noch schnell ein abschließendes Statement zu Nizza geben: Es war ein großartiges Event mit Laura Philipp als Siegerin. Sie wurde damit Sportlerin des Jahres 2024. Und ich war auch da. Worauf ich stolz bin. Ich mochte das außergewöhnliche Format „Reines Frauenrennen". Das gibt es sonst nie. Es war eine ganz besondere Atmosphäre. Und die schwere Radstrecke ist wirklich einer WM angemessen. Dass jetzt eine WM in Europa stattfindet, spart eine Menge Zeit und Kosten. Das kann man als Entgegenkommen von IRONMAN gegenüber Europa werten. Vielleicht gibt es Athleten, die sich Hawaii eben nie leisten könnten, Europa vielleicht doch.

Ich sehe, wie schon geschrieben, nicht nur Nachteile bei geschlechterspezifischen Veranstaltungen und auch nicht beim Austragungsort. Nizza ist dazu perfekt mit dem Mittelmeer zum Schwimmen und der Promenade des Anglais zum Laufen.

6. 1 Was habe ich gelernt? – für eventuelle Zukunft

Und wenn der Sturm vorbei ist, wirst du dich nicht mehr daran erinnern, wie du es geschafft hast zu überleben. Du wirst dir nicht einmal sicher sein, ob der Sturm wirklich vorbei ist. Aber eine Sache ist sicher. Wenn du aus dem Sturm herauskommst, wirst du nicht mehr derselbe Mensch sein, der hineingegangen ist. Genau darum geht es in diesem Sturm.   *Haruki Murakami*

Wenn die spezielle Erfahrung in Nizza nicht meine Freundin war, dann doch meine Lehrerin. Und wie man nach jeder Reise anders zurückkommt, als man weggefahren ist, bin ich jetzt eine andere. Ich habe meinen Traum umgesetzt und damit schon andere angesteckt. Das ist auch ein Plan dieses Buches. Jetzt hat Martina sich einfach zum IRONMAN Hamburg für dieses Jahr angemeldet, obwohl sie noch nie eine Mitteldistanz gemacht hat und die olympische Distanz ihr vor zwei Jahren unerreichbar schien. Gut so, seid mutig, setzt eure Ideen um. Wer nicht wagt, kann nichts gewinnen. Ich habe mich dort, wie man so schön sagt, als „Volunteer" gemeldet, um ihr die Medaille umhängen zu können.

Bei der Verarbeitung des Nizza-Sturms kristallisierten sich folgende Lerneffekte heraus:

Rechtzeitig vor Ort

1. Vor größeren und weiter entfernten Rennen, wenn ich sie dann noch machen werde, will ich wenigstens eine Woche vorher vor Ort sein, eher mehr, um mich in aller Ruhe auf den Ort einzugrooven und dort entspannt ohne jegliche Hektik einfach sein und mich noch entspannt bewegen zu können. Manchmal kommt ja auch noch eine Klimaveränderung hinzu, die verarbeitet werden muss. Die Zeit in Nizza war eindeutig viel zu kurz.

Ausgewogen Essen

2. Die Wochen vorher würde ich meine Kohlehydratreserven aktivieren. Vor Nizza habe ich mich überhaupt nicht achtsam um meine Ernährung gekümmert, sondern war zu aufgeregt. Vor so einer großen Leistungsanforderung sollte man sich aber gut mit dem Körper verbinden und darauf achten, die Kohlehydratspeicher systematisch aufzufüllen. Welche Weisheiten, könnte man denken. Aber ist es in Extremsituationen nicht oft schwer sein Wissen auch umzusetzen?

Kohlehydrate im Wettkampf

3. Ebenso muss ich auf ausreichende Ernährung während des Wettkampfs achten. Ab der der Hälfte der Radstrecke hatte ich keine Kohlehydrate mehr aufgenommen, um die

Magenschmerzen zu vermeiden, die ich in Hamburg hatte. Die Kohlehydrataufnahme sollte man eben üben. Habe ich auch nie gemacht. Mein Käsebrötchen dagegen war vielleicht gar nicht verdaulich? Deshalb die Blähungen? Schon am Ende der Radstrecke hatte ich keine Kraft mehr in den Beinen. Wie ein trotziges Kind probiere ich selbst gerne Dinge aus. Und lebe dann mit den Konsequenzen. Außerdem hatte ich beim Laufen ständig das Gefühl dehydriert zu sein. Also muss ich auch penibel aufs Trinken achten, gerade bei Hitze. Nochmal im Klartext: Ausreichend Flüssigkeit und Kohlehydrate sind wichtig. Erzählt jeder, der Ahnung hat, aber manches muss man selbst eben erfahren.

Schlaues Training

4. Ausreichend und vor allem auf den Punkt zu trainieren, ist natürlich wichtig. Vor Nizza habe ich zu sehr den Sommer genossen und mich auf dem Erfolg ausgeruht, 3. in meiner AK geworden zu sein und damit die Qualifikation offiziell geschafft zu haben. Vor Hamburg hatte ich ja schon mal eine Trainerin in Erwägung gezogen, dachte dann aber, ich kriege es auch so hin. Ging ja auch. Das Radtrainingslager mit Martina hatte es auch wirklich in sich. Am Schwimmen war ich auch regelmäßig drangeblieben und war sogar läuferisch noch im Schuss. Vor Nizza mochte ich nicht mehr laufen. Es war zu heiß, die Füße taten weh und was sonst alles noch als Ausrede herhalten kann. Ja, die Motivation war weg. Ich freute mich wirklich

auf die Reise nach Nizza und die Premiere der Frauen dort. Ungünstig.

Keine Experimente kurz zuvor

5. Und wieviel Energie hat es im Vorfeld gekostet, die Räder ständig in Frage zu stellen und mir noch eins mit Scheibenbremse zu leihen. Es ist besser auf Altbewährtes zurückzugreifen. „Keine Experimente beim Wettkampf" kenne ich schon vom Laufen, ignoriere es aber oft wegen des Lustprinzips. Vor Hamburg hatte ich mir noch neue IRONMAN-Hoka-Schuhe gekauft und direkt zum Marathon angezogen. Das ist gut gegangen. Muss es ja aber nicht unbedingt. Ständig Neues auszuprobieren lenkt aber auch vom ernsthaften Training ab. Das würde ich vor einem IRONMAN nicht mehr machen. Hoffentlich!

Ruhig bleiben

6. „Auf Panikmache verzichten" wirkt erstmal wie ein dummer Tipp, weil man sich seine Panik ja meist nicht aussucht. Im Hinterkopf hatte ich wohl, dass ich mich während des Wettkampfes dann freue, wenn alles gar nicht schlimm ist. Was für ein Quatsch! Denn die vorherige Panikmacherei „zu steile Aufstiege, zu steile gefährliche Abfahrten" haben sich doch im Körper als Negatives gespeichert. Ich war richtig vorsichtig und traute mir nichts zu. Hätte ich mehr reingetreten und wäre ich eine Stunde früher vom Rad gestiegen, hätte ich letztendlich nicht so

lange gehadert und wäre wohl nicht so erschrocken gewesen wegen des Rad-Cut-Offs. Ja, hätte, hätte Fahrradkette. Was für ein dummer Spruch.

Taschen überlegt packen

7. Hätte ich die Taschen besser gepackt mit einem zweiten Startnummernband zur Sicherheit, wäre mir der Stress mit dem Kampfrichter und vor allem mein eigener mir erspart geblieben. Alle Eventualitäten und Unvorhergesehenes sind wahrscheinlich nicht auszuschließen, aber mehr Muße bei allem ist im Vorfeld unbedingt zu empfehlen. Natürlich. Was für Weisheiten. Vielleicht auch die Wettkampfbesprechung zu verfolgen und nicht immer zu denken: passt schon. Nee, denn es könnte auch mal schiefgehen.

Nicht umziehen

8. Ich würde mich nicht mehr groß umziehen. Das kostet einfach zu viel Zeit. Und wozu? Sicherlich bemerkt man es nicht oder nimmt es in Kauf, wenn der Po nicht so gut gepolstert ist. Und wieviel Zeit nimmt das ganze Umgeplünne (norddeutsch!) in Anspruch? Bestimmt 15 Minuten, die mir am Ende auch gefehlt haben. Egal, ich habe draus gelernt, aber ich hätte wirklich viel Zeit gespart. Und so kälteempfindlich bin ich nicht. Das weiß ich. Also! Mut zur Lücke. Wie die anderen auch.

Eine Herzensangelegenheit

9. Einen IRONMAN wirklich zu wollen, ist wichtig. Sich Zeit dafür zu nehmen und ihn nicht irgendwo zwischenzuquetschen. Das Event sollte schon als Herausforderung adäquat gewürdigt und mit Urlaub verbunden werden. Jedes Dazwischenschieben ohne Urlaub entspricht nicht der körperlichen Herausforderung. Und besonders im fortgeschrittenen Alter. Nein, wohl immer, wenn man nicht gerade Jonas Deichmann heißt,

Jede Disziplin ist wichtig

10. Ich müsste mich eindeutig mehr aufs Laufen fokussieren. Das Laufen habe ich immer gesnobbt nach dem Motto: das kann ich. Aber das war einmal. Da kann man sich nicht 20 Jahre drauf ausruhen. Vor allem nicht mit Fußschmerzen. Ich habe immer nur gedacht, erstmal die ersten beiden Disziplinen hinter mich zu bringen. Natürlich, aber dann muss man auch in der Lage sein, das Laufen noch bewältigen zu können. Ich hatte schon mit Lisa Hahner telefoniert, weil ich dachte, dass ich mehr Motivation zum Laufen bräuchte. Das wäre gut gewesen, aber selbst auf Unterstützung hatte ich letztendlich keine Lust. Ja, und dementsprechend ist der Marathon auch gelaufen. Oder eben auch nicht gelaufen. Ohne Lauf-Training ist so ein Unterfangen natürlich niemandem zu empfehlen. Ich habe mich im Grunde grob fahrlässig nach Nizza bewegt. Das rächt sich. Die mentale Stärke kostet irgendwann auch zu viel Kraft.

Zeit überprüfen

11. Die Zeit während des Wettkampfs im Auge zu behalten, ist grundsätzlich sicherlich schlau. In Hamburg hatte ich keine Ahnung, zu welcher Zeit ich wo unterwegs war und bin in 13:02 ins Ziel gekommen und hier in 17:02. Letztendlich wäre beides sicher 2 Minuten schneller möglich gewesen. Ich habe getrödelt. 12:59 und 16:59 hätte sich sicherlich besser angefühlt, ist aber letztendlich völlig egal. Die Erinnerungen bleiben dieselben.

Auch wenn es mir einen Monat ca. nicht gut ging und ich auch schon mal an dem Sinn dieser WM Teilnahme gezweifelt habe, kam zusammen mit dem schönen Tattoo langsam ein Anflug von Stolz auf. Als normal sportlicher Mensch habe ich es noch im fortgeschrittenen Alter geschafft, mich dieser Herausforderung nicht nur zu stellen, sondern das Ziel hartnäckig zu verfolgen. Ja, ich habe mir dafür Material gekauft, mich meinen Ängsten auf dem Rad und im Wasser gestellt und den Plan bis zum Ende verfolgt. Und trotz Stress und ohne Urlaub habe ich mich nicht beirren lassen, obwohl ich nicht mehr die größte Lust darauf hatte.

6.2 Die Zukunft – ist noch weit

Was Sie durch das Erreichen Ihrer Ziele erhalten, ist nicht so wichtig, wie das, was Sie durch das Erreichen Ihrer Ziele werden.

Henry David Thoreau

Schon ab Oktober fragte ich mich hin und wieder, wann oder ob ich überhaupt noch nach Hawaii muss. Dass die Beantwortung der Frage noch Zeit benötigen würde, war klar. Sie wird aber auch weiterhin noch ein Prozess bleiben. Aber eins steht fest: Je mehr Zeit vergeht, desto stolzer bin ich, in Nizza gewesen zu sein. Ich wollte schon vor ein paar Seiten abschließende Worte zu Nizza finden, aber es beschäftigt mich anscheinend weiterhin: Selbst mit der Zeit von 17:02 bin ich jetzt fein. Ich war WM Rookie und es war mein 2 IRONMAN innerhalb von wenigen Monaten. Ich habe alles unbeschadet überlebt und bin sehr, sehr dankbar dafür, dass mein Körper das alles mitgemacht hat. Ein Traum, mit dem ich vor über 30 Jahren schon geliebäugelt habe, ist in Erfüllung gegangen. Von 74 gemeldeten Frauen in der AK 60-64 sind nur 46 gewertete ins Ziel gekommen. Und ich als 47. Finisherin. In der AK 65-69 waren es nur 17 von 36 und eine, die noch nach mir gekommen ist. In der AK 70 ist nur eine einzige von vieren ins Ziel gekommen. Dass es nun nicht Hawaii war, ist Schicksal. Es sollte das Jahr 2024 sein. Und das war es. Und Nizza war ein ganz besonderes Erlebnis. Die Radstrecke ist auf jeden Fall eine adäquate WM-Strecke. Ich habe sie ohne Sonne auch richtig genießen können. Mit Sonne wäre es wahrscheinlich sehr heiß gewesen. Auch das Schwimmen im Mittelmeer war ein Traum. Den Lauf klammere ich für mich jetzt mal aus. Aber der Support auf der Strecke war: Amazing. Ich kann nicht gut Englisch, aber da die Fans so amerikanisch dominiert waren, fällt mir merkwürdigerweise nur das Wort ein. Nach zu wenig Training zum Schluss und dem Stress der Hinfahrt war Nizza extrem hart. Aber es war ein großartiges Erlebnis, das ich nicht missen möchte. Ich bin stolz auf mich, dass ich den einmal vor 30 Jahren gedachten Traum nach so vielen Jahren zielstrebig umgesetzt habe. Ich nehme die WM jetzt in meine Erinnerungen auf als die gebührende Krönung meines Triathlonlebens. Und da ich eben nicht immer höher und weiter muss, ist jetzt erstmal gut.

Wer weiß, ob ich in Zukunft überhaupt noch beschwerdefrei laufen kann. Es macht wenig Spaß ewig mit Schmerzen zu laufen. Der Fuß stört mich schon sehr. Nach der Hawaii-WM mit Patrick Langes Sieg, den Martina und ich im Fernsehen verfolgt haben, hatte ich jedoch auch gleich wieder Lust für eine Langdistanz zu trainieren und auf Hawaii zu starten. Dass man bei solchen Übertragungen angefixt wird, ist vielleicht normal. Aber muss das wirklich sein? Nein. Nach dem Deutschlandlauf wollte ich von dem ursprünglich angestrebten Europalauf auch nichts mehr hören – und hab ihn tatsächlich auch nur mit innerlichem Abstand aus der Ferne betrachtet. Es ergeben sich wieder andere Missionen. In die Gewissheit kann ich mich entspannen. Wenn ich jemals wieder einen IRONMAN geschweige denn Hawaii machen werde, dann nur gut trainiert und weil ich es wirklich auch in dem Moment will. Irgendwann kam die Idee, mich Ende 2026 in Mexico zu qualifizieren, wenn überhaupt, und 2027, wenn ich nicht mehr arbeiten muss, nach Hawaii zu wollen. Aber vielleicht mache ich auch Hyrox oder werde Tänzerin. Begonnen habe ich bereits, neben dem Yoga mit Reformer Pilates, also an Geräten, bei Spirit Space in Lübeck mehr Kraft aufzubauen. Kraftaufbau wird mit jedem Lebensjahr, das vergeht, immer wichtiger.

Als ich im November wieder auf Lanzarote war, habe ich erst wieder mit dem IRONMAN dort für die Hawaii-Quali geliebäugelt. Kurz vor der Abreise stand aber felsenfest, dass ich dort nie wieder in der Hitze wie beim Lanzarote-Marathon laufen will. Das war die Hölle. Von dem Wind, den Böen und den elendigen Höhenmetern auf der Radstrecke ganz zu schweigen. Also, ein IRONMAN dort wird es für mich bestimmt nicht mehr werden.

Hawaii als Reiseziel dagegen bleibt auf jeden Fall. Auf diese Vulkaninsel will ich unbedingt. Ruti sagte, da könne man auch ohne IRONMAN gut hin. Bestimmt. Der Fakt schien mir vor Nizza noch absurd. Langsam könnte ich die Idee sogar für mich akzeptieren oder auch Martina dorthin begleiten. Bei einem Hawaii-Qualiversuch würde ich auf jeden Fall mehr Zeit zwischen den Rennen lassen, also mich in einem Jahr qualifizieren wollen und erst im folgenden Jahr nach Hawaii. Aber alles ohne Druck, wenn es sich ergibt ja, wenn nicht, ist es auch okay. Ich würde das Qualirennen auch mehr würdigen wollen, vielleicht in Kalmar oder Vitoria Gasteiz, wo ich sowieso auch unbedingt einmal hinmöchte. Das gesamte Baskenland übt schon lange eine große Faszination auf mich aus.

Ende Dezember habe ich Werbung vom Barcelona IRONMAN gelesen und früh am Morgen damit geliebäugelt, mich dafür doch im Oktober 2025 anzumelden, um direkt auf die Hawaii-Quali für 2026 zu hoffen. Das fühlte sich noch schlaftrunken rund an. Nur wenige Stunden später nahmen Martina und ich zufällig zusammen an einer Hawaiianischen Vergebungs-Yogastunde teil. Ich konnte mir darunter gar nichts vorstellen, aber das Wort Hawaii war Motivation genug. Und Martina fragte umgehend, ob 2026 nicht wieder Nizza wäre. Natürlich! Das wusste ich doch eigentlich genau, hatte mich nur fälschlicherweise kurzzeitig wieder inspirieren lassen. Uns wurde in der Stunde ein wenig die Hawaiianischen Philosophie nähergebracht, die dem Buddhismus gar nicht so fern ist. Uraltes zutiefst menschliches Gedankengut hoch oben im Gebirge wie auch am Wasser auf Hawaii. Ein Vergebungsritual mit Namen Ho'oponopono sollte praktiziert werden, was vom Hawaiianischen übersetzt in etwa bedeutet: „in Ordnung bringen. Dazu durfte jede Teilnehmerin eine Karte ziehen.

Auf meiner stand „Pono" und ein Golden Retriever lächelte mich an. Flexibilität, Kreativität und Weisheit sollte das bedeuten und die Frage wurde gestellt: Was ist effektiv? Ich werde das kommende Jahr nutzen, um mich anders gesund zu halten und nochmal mehr loszulassen. In der Stunde ging es weiterhin um Vergebung auf Hawaiianisch für das, was uns im letzten Jahr nicht behagt hat.

Nachdem uns schon warm geworden war, sagte die schwangere Yogalehrerin in einem Nebensatz: Mit der Wärme aus körperlicher Bewegung kann Transformation geschehen. Das hat mich schon mal tief berührt. Ja, wie oft habe ich bei körperlicher Betätigung Dinge hinter mir lassen können? Hier wurden Asanas ausgeführt, um die 4 Sätze zur Vergebung immer wieder zu unterstützen. 1. Es tut mir leid. 2. Verzeih mir 3. Ich liebe dich! 4. Danke! Man kann sich nur für etwas bedanken, was man angenommen hat. Später habe ich nochmal recherchiert. Es gibt auf Hawaii die Huna Lehre mit 7 spirituellen Prinzipien.

1. Makia: Deine Energie folgt der Aufmerksamkeit.
2. Mana: Macht kommt von innen.
3. Manawa: Jetzt ist der Augenblick der Kraft.
4. Aloha: Sei Liebe, sei präsent, um Gutes zu erschaffen.
5. Pono: Die Wahrheit leben, auch in unbequemen Situationen
6. Ike: Bewusstheit über dein Bewusstsein. Die Welt ist so, wie du bist.

7. Kala: Wir sind alle in Grenzenlosigkeit & Freiheit verbunden.

Das schien mir alles so interessant, dass es sich durchaus lohnen würde, sich damit vor einem Hawaii-Besuch zu beschäftigen. Und ja, nach der Stunde war es völlig klar! Ich würde gerne mit IRONMAN nach Hawaii, also nochmal zur World Championship! Aber alles kann, nichts muss. Die USA von Trump interessiert mich zwar überhaupt nicht bzw. eher noch das Gegenteil. Ich möchte auf keinen Fall in die USA, aber Hawaii stellt da eine Ausnahme dar. Wenn ich bis 2033 nicht dagewesen bin, dann eben 2034 im Urlaub, wenn ich dann noch lebe.

Also, was die Zukunft bringt, ist noch ziemlich offen. Es steht kein fester Plan im Raum. Ende Dezember war ich auch im MRT. Während es darin klopfte und hämmerte, kamen Gedanken auf, dass Laufen richtig Spaß machen könnte ohne Schmerzen. Ich werde mich darum kümmern, schmerzfrei laufen zu können. Und wenn der Plan der Schmerzfreiheit gelänge, wäre das ein schon eine riesige Errungenschaft an sich. Ein paar Tage später kam die MRT-Diagnose Morton-Neurom, der Chirurg hat sie aber gleich wieder in Frage gestellt, nachdem ich mich zur OP durchringen wollte. Besserung ist also irgendwie nicht in Sicht.

Und im Januar 2025 kam trotzdem eine neue Idee. Morgens war es unter null, ich hatte keine Lust laufen zu gehen, musste mich aber wieder mal bewegen. Also habe ich mich aufs Triathlonrad, auf die Rolle, gesetzt und auf Youtube IRONMEN EM und WM geschaut. Die Videos liefen zufällig alle hintereinander durch. Als letztes 2024 in Nizza. Ich hatte es nie zuvor gesehen. Ich war restlos ergriffen. Ich war da dabei! Und am Ende des Tages nach einem Blick in die Statistiken, kam die vage Idee auf, dass es genial wäre beim IRONMAN Hawaii unter die TOP 10 in meiner Altersklasse kommen. Dazu muss ich nur lange genug fit bleiben. Mit 70 könnte das klappen. Als Mahnung dafür trage ich jetzt ein „aloha" mit einer roten Hibiskusblüte als „o" auf dem linken Oberarm. Neben der offiziellen Bedeutung, die doch sehr schön ist, heißt das nun für mich: Hawaii, ich komme! So oder so!

(In Bangkok haben mich Hawaiianer daraufhin angesprochen und mich zum IRONMAN nach Hawaii eingeladen. Das Training dafür sei sehr gesund. Weise Worte.)

DANKSAGUNG – AN EUCH ALLE

Ich danke allen, die mich irgendwie auf dem Weg nach Nizza und zum Buch begleitet haben, vor allem meiner gesamten Familie mit Töchtern, Schwiegersöhnen, Enkeln, Vater und Hannelore. Gleich danach gebührt Martina der größte Dank, die mich in der

Tat mit dem kaputten Auto so furchtlos von und nach Nizza chauffiert hat. Eryka und Detlef waren auch vor Ort, schwanger. Und viele andere waren irgendwie im Geiste oder per App dabei wie Birgit und Bärchen, Ruti, Anja A., Steffi, Sabine, Sandra, Angela, Monika, Britta, Julia, Silvana, Christian, Roland, Silke, Christiane, Tomek, Ewelina, Alegra, Marco, Thomas, Henny, Nils, Katja, Peter, Norbert, Timo, Dennis, Doris und Willem, Detlev und Sabine, Hannes, Ekki, Julia, Juliane, Wolfgang, und alle Golden Girls. Laura-Elisa sei für ihre schönen Worte zum Yoga gedankt, Thorsten Schröder wie erwähnt und natürlich dem Radladen Willert aus Groß Grönau. Anna Kunert aus dem Allgäu hat mit ihren 13 Jahren so großartig Korrektur gelesen, dass es mir komplett die Sprache verschlagen hat. Herzlichen Dank dafür! Und Götz hat wieder einmal größte Geduld beim Formatieren bewiesen. Danke! Die Reihenfolge der Namen ist völlig willkürlich. Irgendwo musste ich ja anfangen und enden. Und ich bin mir sicher, ich habe noch so viele vergessen.

LITERATUR – LÄSST IDEEN REIFEN

Manchmal lässt man sich ja doch durch Bücher inspirieren. Als Reaktion auf mein erstes Laufbuch Marathon? Na klar! Von 0 auf 100 km bekam ich eine Mail, in der der Satz vorkam: „Durch dein

Buch habe ich es geschafft von meiner Couch hochzukommen und Läufer zu werden." Es hatte sich also gelohnt das Buch zu schreiben. Das war meine Absicht. Und so ähnlich soll ja auch dieses Buch gerne wirken.

Und auch hier geht es nicht um Literatur, die zu empfehlen ist, um schneller oder messbar besser zu werden. Es sind Bücher aufgeführt, die mich bewegt und einen irgendwie gearteten Einfluss auf meine Entscheidungen für Hawaii (Nizza) und das Buch gehabt haben. So hatte Joey Kelly mich früher mal fasziniert. Da ich ihn einmal persönlich bei einem längeren Interview kennengelernt habe und er mich dabei überzeugt hat, gehört er auch mit in diese Liste Manche Bücher haben mich früh inspiriert, manche sind jetzt auch neueren Datums. Vielleicht kann das eine oder andere auch dich inspirieren.

Eva Biringer, Unabhängig: Vom Trinken und Loslassen, 2022

Norman Bücher, Extrem: Die Macht des Willens, 2011

Christoph Cöln, Reife Leistung: Mit dem Sport dem Alter trotzen. Inspirierende Geschichten von Menschen über 70, 2020

Dalai-Lama, Franz Alt, Der Appell des Dalai Lama an die Welt: Ethik ist wichtiger als Religion, 2019

Jonas Deichmann, Das Limit bin nur ich: Wie ich als erster Mensch die Welt im Triathlon umrundete, 2021

Gabriela Harnischfeger, Life Changing Triathlon: In jedem Alter zum Finisher werden, 2021

Michelle Hildebrandt, Neurodiät: Wie Sie den Schalter im Gehirn umlegen, Ihr Hungergefühl in den Griff bekommen und endlich schlank werden, 2019

Matthias Knossalla (Hg.), Der Kona Code: Wie die Qualifikation für Hawaii gelingt, 2021

Jack Kornfield, Meditation für Anfänger: + CD mit 6 geführten Meditationen für Einsicht, innere Klarheit und Mitempfinden, 2007

Wolfgang Kulow, Das Unvorstellbare wagen: Mein Leben als Extremsportler, 2016

Patrick Lange, Becoming IRONMAN: Mein Weg zum Weltmeister im Triathlon, 2022

Christian Larsen, Bea Miescher, Gesunde Füße: Beschwerden einfach wegtrainieren. Die besten Übungen der Spiraldynamik, 2018 (2. Auflage)

Steven Laureys, Matthieu Ricard, Warum Meditation heilt: Der wissenschaftliche Beweis, dass Meditieren die metale und körperliche Gesundheit verbessert – mit Anleitungen und Praxistipps, 2021

Veit Lindau, Stille Seele, wildes Herz: 12 Geheimnisse eines erfüllten Lebens, 2022

Logosynthese®, https://logosynthese.ch/was-ist-logosynthese/ abgerufen am 17.3.2025

Thomas Rampp, Immunbooster Atmen, 2021

Scheuermann, Ulrike, Freunde machen gesund: Die Nummer eins für ein langes Leben: deine Sozialkontakte, 2021

Thorsten Schröder, Mit jeder Faser: Mein Weg zum härtesten Triathlon der Welt, 2019

Stefan Surber: https://www.kahilomi.com/hooponopono-anleitung-das-hawaiianische-vergebungsritual/ 29.12.2024

Sandra Völker, An Land kannst du nicht schwimmen: Wie ich Olympia gewann, fast alles verlor und wieder ins Leben fand, 2015

Michelle Ufer, Matthias Ernst Holzmann, et al., Mentaltraining für Läufer: Weil Laufen auch Kopfsache ist, 2014

https://www.runnersworld.de/sport-wettkampf-ernaehrung/alkohol-und-sport 24.05.2023 abgerufen

Du hast jetzt selbst Lust, dich beim Triathlon zu versuchen?

Mach mit beim 7-Tüme-Triathlon in Lübeck:

https://7-tuerme-triathlon.de

Und wer mal etwas länger schwimmen möchte, dem sei ein Langstreckenschwimmen im Amazonas des Nordens zu empfehlen:

https://wakenitzman.de

So kannst du uns finden:

https://trisport-luebeck.de

GOLDMEDAILLEN-COACH
SANDRA VÖLKER

Sandra Völker zählt zu den erfolgreichsten Schwimmerinnen Deutschlands. Als Olympionikin, Europa- und Weltmeisterin gibt sie ihre jahrzehntelange Erfahrung nun weiter. Ihr Wissen und ihre Technik machen sie zur idealen Trainerin für alle, die ihre Schwimm- und Triathlonleistung auf das nächste Level bringen wollen.

Triathlontraining mit Sandra Völker

Ob Einzeltraining, Gruppentraining, Onlinekurse oder exklusive Triathloncamps (nur mit Warteliste); Sandra Völker bietet maßgeschneiderte Trainings für Triathleten, die ihre Schwimmperformance optimieren möchten. Mit ihrer Expertise hilft sie dir, deine Technik, Ausdauer und Geschwindigkeit gezielt zu verbessern.

Individuelle Anfragen an buero@sandra-voelker.de

Mehr Infos unter www.sandra-voelker.de